中國與蘇州／杭州位置圖
北
俄羅斯 Russia
蒙古
新疆維吾爾自治區
烏魯木齊 Ürümqi
中國 CHINA
甘肅
青海
黃河
Yellow River
西寧
Xining
西藏自治區
印度
India
長江（揚子江）
Yangtze River
四川
昆明
Kunming
雲南
寮國
Laos
泰國
Tailand
長江
南京市
黃海
江蘇省
蘇州市
崇明島
太湖
用直
木櫝
周庄
同里
上海市
安徽省
杭州灣
杭州市
錢塘江
舟山島
浙江省
金華市
江西省
溫州市
東海
福建省

貝加爾湖
Lake Baikal
黑龍江
Mongolia
哈爾濱 Harbin
吉林
長春
Changchun
內蒙古自治區
瀋陽
Shenyang
遼寧
日本海
Sea of Japan
北京
Beijing
呼和浩特
Hohhot
北韓
North Korea
天津 Tianjin
河北
銀川 Yinchuan
太原
Taiyuan
南韓
South Korea
寧夏回族自治區
山東
黃海
Yellow Sea
山西
濟南
Jinan
Lanzhou
日本
Japan
鄭州
Zhengzhou
江蘇
西安
Xi'an
河南
安徽
南京 Nanjing
合肥
Hefei
蘇州
Suzhou
上海 Shanghai
湖北
成都
Chengdu
武漢
Wuhan
杭州
Hangzhou
東海
East China Sea
重慶
Chongqing
浙江
南昌 Nanchang
長沙 Changsha
貴州
湖南
江西
福建
福州 Fuzhou
貴陽 Guiyang
台北 Taipei
台灣
TAIWAN
廣東
廣西壯族自治區
台灣海峽
Taiwan Str.
廣州
Guangzhou
南寧 Nanning
香港
Hong Kong
澳門
Macau
菲律賓海
Philippine Sea
海南島
南中國海
South China Sea
菲律賓

個人旅行主張

有人在旅行中享受人生，
有人在進修中順便旅行。
有人隻身前往去認識更多的朋友，
有人跟團出國然後脫隊尋找個人的路線。
有人堅持不重複去玩過的地點，
有人每次出國都去同一個地方。
有人出發前計畫周詳，
有人是去了再說。
這就是面貌多樣的個人旅行。

不論你的選擇是什麼，
一本豐富而實用的旅遊隨身書，
可以讓你的夢想實現，
讓你的度假或出走留下飽滿的回憶。

有行動力的旅行，從太雅出版社開始。

個人旅行 38

文字・攝影 ◎ 陳玉治

個人旅行 38 蘇州・杭州

目錄

【蘇州・杭州風情掠影】

【蘇州煙雨—水鄉小鎮】

【煙景水都—蘇州】

【風水寶地—杭州】

【蘇州・杭州旅遊黃頁簿】

【全書地圖目錄】

朝天門
海樓

來自編輯室

作者序

《蘇州・杭州》一書自出版以來，受到海內外讀者的熱烈迴響，為了提供更新與更正確的資訊，再版的內容幾度大幅翻新。中國大陸進步的速度很快，在十幾年前還屬於邊陲國家，最近已經超越日本，躍升成為世界第二大的經濟體。為此作者再次前往這兩個江南城市，對一些近幾年才啟用的新興景點，作一個有系統的介紹。

隨著兩岸直飛航線的啟動，海峽兩岸的距離可說是越來越近，尤其是松山—虹橋航線的開闢，讓台北與大上海地區一日生活圈的願景，也成為可能。由於採訪的緣故，作者前往蘇州杭州的次數甚多，只要隔一段時間沒來，就會感到兩座城市的驚人變化。以蘇州來說，雖然老城區的格局沒有太多變化，但是老城區以東的蘇州工業區，卻已經產生天翻地覆的變化。現在從機場搭乘巴士前往蘇州，在工業區映入眼簾的，盡是櫛比鱗次的氣派大樓與寬闊的街道，讓人感覺好像來到一座嶄新的城市。蘇州新區的旅遊潛力雖然還沒有完全展現出來，但是在美食與娛樂的重要性卻已經顯現，在新版中就有李公堤與湖濱新天地的介紹。此外，老城區近年整建的山塘街與平江路等最新旅遊資訊，也已加入本次改版。

至於杭州，除了一般人耳熟能詳的西湖風景之外。2009年春節期間上映的賀歲電影《非誠勿擾》，雖然在港台票房並不出色，但是當年在大陸總票房卻大破4.2億人民幣。這部電影的賣座，不僅再次奠定了大陸導演馮小剛與台灣影星舒淇，在大陸電影界的票房地位，也對電影取景地杭州掀起另一波的旅遊高潮，尤其原本在杭州知名度不高的「西溪溼地」，也因為這部電影成了熱門的旅遊景點。此外，大陸導演張藝謀近年在西湖風景區推出的「印象西湖」實景秀，與最新整建的南宋御街等最新景點資訊，在本次修訂中也都已收錄。

除了景點、美食資訊之外，目前兩座城市正在積極施工建造捷運系統，部分已經開始營運，目前規劃的路線與站名已放入本次改版中。城市是活的，時時刻刻都在改變，本書作者雖然投入不少心力，但如有資訊未足之處，仍請各界先進不吝指正。

陳玉治

關於作者—陳玉治

西元1961年生，政大新聞系畢業，美國密西西根州立大學大眾傳播學院廣告學碩士。曾經是兩屆董顯光新聞獎學金得主。評論與旅遊寫作散見於《聯合報》《自由時報》《中國時報》，及《時報周刊》《TVBS週刊》《ELLE》等相關旅遊雜誌。

曾在太雅出版社的報導文學書系【旅行夢想家】出版過兩部作品：探索七大州的《縱橫七海》、北海道小鎮故事《鯡魚不再來》，以及個人旅遊《北京》《廣州・深圳・珠海》《蘇州・杭州》《大連・哈爾濱・瀋陽》《西安・兵馬俑・華山》《華盛頓・費城》《橫濱・箱根・鎌倉》《沖繩》《清邁・泰國北部》《廣島・大阪・名古屋》《開始聰明遊大陸》《馬來西亞》《夏威夷》《小三通：金門・廈門》《成都・重慶》《進入航空業》等暢銷旅遊書。

陳玉治旅行經驗豐富，不斷嘗試新的挑戰，而且很有計劃地完成各種旅行夢想；不論是用文字記錄旅行、還是透過攝影鏡頭捕捉畫面，都有極為專業的水準。

使用上要注意的事

行前電話確認是必要的……

每一個城市都是有生命的，會隨著時間不斷成長，「改變」於是成為不可避免的常態，雖然本書的作者與編輯已經盡力，讓書中呈現最新最完整的資訊，但是，我們仍要提醒本書的讀者，必要的時候，請多利用書中的電話，再次確認相關訊息。

資訊不代表對服務品質的背書……

本書作者所提供的飯店、餐廳、商店等等資訊，是作者個人經歷或採訪獲得的資訊，本書作者盡力介紹有特色與價值的旅遊資訊，但是過去有讀者因為店家或機構服務態度不佳，而產生對作者的誤解。敝社申明，「服務」是一種「人為」，作者無法為所有服務生或任何機構的職員背書他們的品行，甚或是費用與服務內容也會隨時間調動，所以，因時因地因人，你有可能會與作者的體會不同，這也是旅行的特質。請讀者培養電話確認與查詢細節的習慣，來保護自己的權益。

謝謝眾多讀者的來信……

過去太雅旅遊書，透過非常多讀者的來信，得知更多的資訊，甚至幫忙修訂，非常感謝你們幫忙的熱心與愛好旅遊的熱情。歡迎讀者將你所知道的變動後訊息，提供給太雅旅行作家俱樂部taiya@morningstar.com.tw。

太雅旅行作家俱樂部

如何使用本書

這本書希望做到的，是讓使用的讀者不只可以「行前充分瞭解屬於當地生活的基本資訊」，還可以「設計規劃行程」「完成住宿的選擇與安排」。書裡的單元，依照使用的場合和時機，可以簡單用下列方式來分：

先作功課的：

【蘇州・杭州風情掠影】真正享受旅遊樂趣的人，是從決定目的地的時候就開始。出發前先認識、瞭解當地的歷史人文、交通與住宿情況，使旅遊行程更為順暢。

【經典名物】詳細介紹蘇杭當地的地方風物，如蘇繡、碧螺春茶、桃花塢木刻年畫、杭州絲綢及仿南宋官窯青瓷等代表風物。

【美食薈萃】則對蘇杭菜系做概觀介紹，並進而介紹蘇幫、杭幫名菜、地方經典小吃和太湖風味的船菜特色及製作方法，再再觸動味覺及視覺神經，讓品嘗美食成為蘇杭之旅的重點。

【行程規劃】【旅遊黃頁簿】出發前需要準備的功課：簽證、海關、機場交通、貨幣匯率、時差、氣候等資訊，以及到了當地的入出境流程、市區交通工具、電話使用、小費、緊急電話等資訊一應俱全，讓你沒有任何遺漏的踏上美好的旅程。

邊走邊看的：

【熱門景點】清楚掌握各區地圖、交通門票資訊、景點介紹等資訊，知識充電站以及行家導覽更提供深入人文觀察，直接領略蘇杭風情魅力的核心。

【江南名園】【西湖新舊十景】展現蘇杭地區最精華的旅遊景點，詳盡列出江南林園的建築特色，西湖各景點的人文典故更為遊覽西湖的行程增添歷史風情。

【水鄉小鎮】是特別企畫的旅遊重點。4個人氣旺盛的水鄉小鎮：周庄、甪直、同里、木瀆，展現江南水上風情，遊客乘坐舟楫訪勝時，其實也融入了當地的民情生活。

需要時查詢的：

【餐廳美食】【逛街購物】【旅館住宿】完整提供逛街購物地圖、特色餐廳、旅館資訊、蘇杭市區地圖、西湖新舊十景地圖等實用資訊。

【旅遊黃頁簿】詳盡列出通關、機場、旅遊局、進出機場交通、公共汽車、計程車等資訊，可立即掌握交通安排。儘管已事先做好旅遊規劃，但是旅行中的一些意外狀況足可破壞整個旅遊行程，因此【旅遊黃頁簿】中的：台灣駐外機構、貨幣使用、小費、信用卡、電話、公廁以及常用俗語對照表等資訊，便在提供一個緊急處理的解決或預防之道。蘇杭之間的往來交通、市內交通工具等資訊，則是讓旅遊行程安排更為順暢的設計。

註：本書出現的幣值皆爲人民幣。

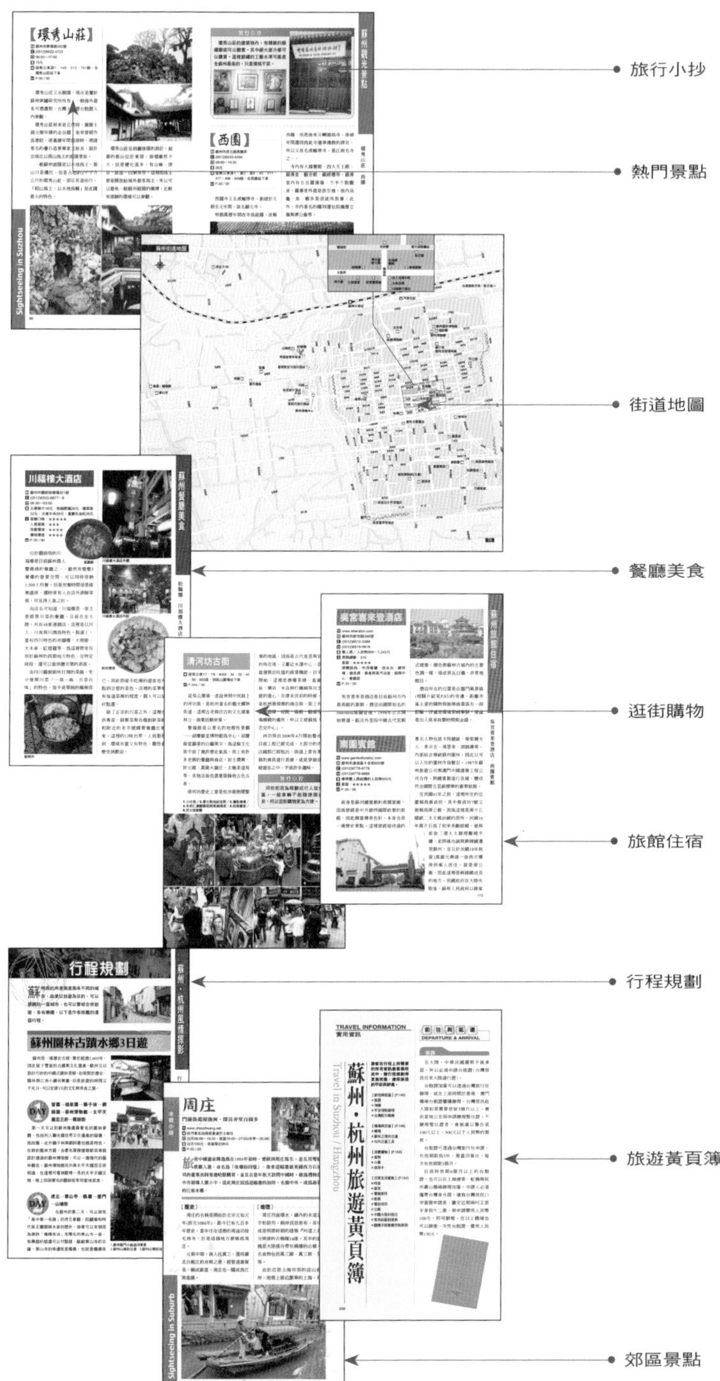

旅行小抄
熱門景點
街道地圖
餐廳美食
逛街購物
旅館住宿
行程規劃
旅遊黃頁簿
郊區景點

蘇州・杭州風情掠影

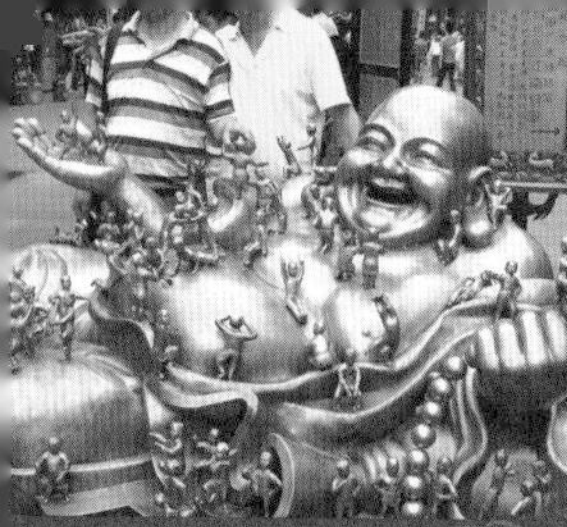
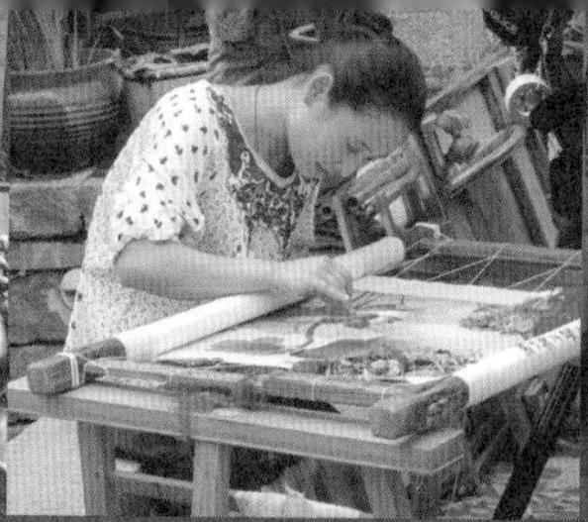
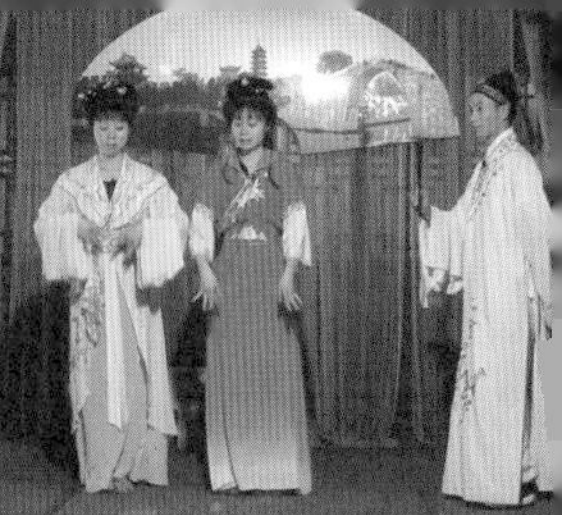

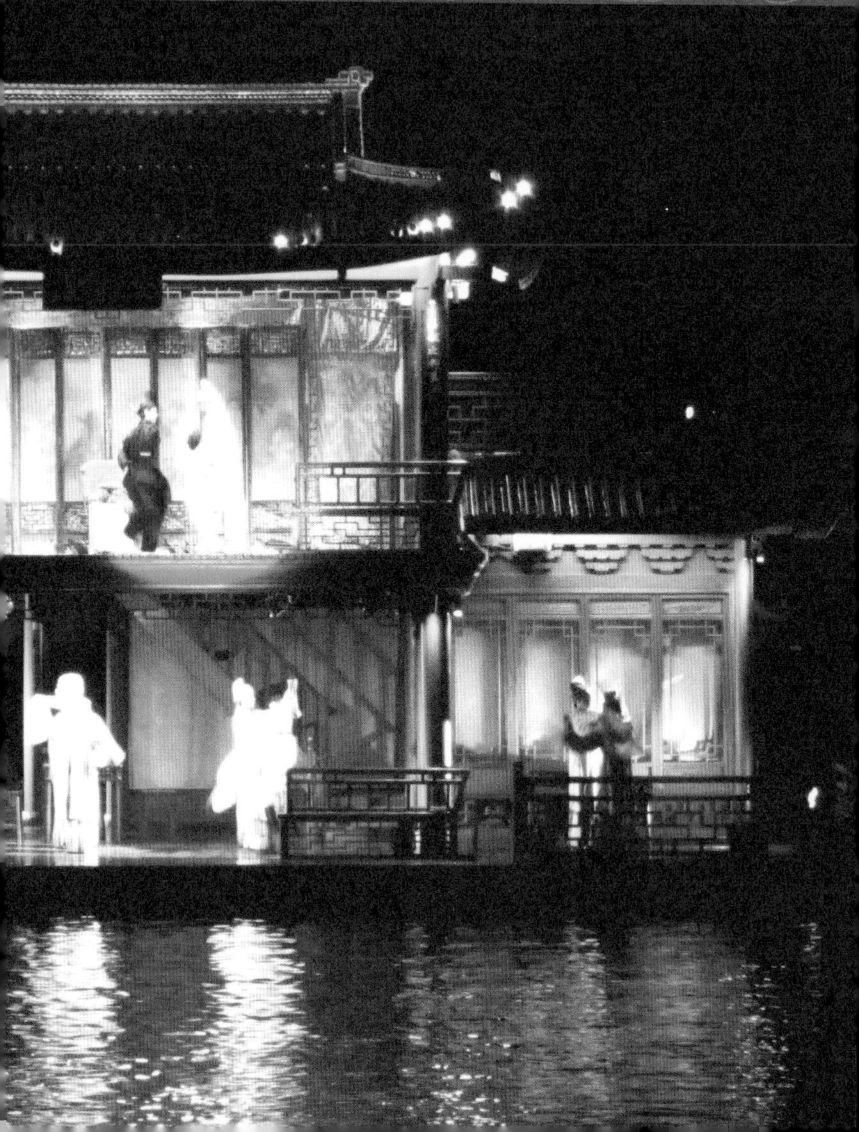

蘇杭表演藝術

評彈或稱蘇州評彈，是傳統説書的一種，大約起源於明朝，距今已有400年歷史。越劇是盛行於江浙地區的地方戲曲，也稱爲小歌班、紹興文戲、落地唱書等。崑曲歷史悠久，因此被稱爲百戲之祖，也是聯合國教科文組織首批核定的世界人類口述與非物質文化遺產。

吳儂軟語，常見女扮男裝

越劇

越劇是盛行於江浙地區的地方戲曲，它的歷史不長，一般考證是於20世紀初年，誕生於浙江的嵊州。越劇也稱爲小歌班、紹興文戲、落地唱書等。比較著名的戲目包括：《白蛇傳》《紅樓夢》《梁山伯與祝英台》等等。

由於使用的是吳儂軟語，所以越劇的表演比較輕柔，而且目前在舞台上表演的多是女性，即使是男性角色也常是由女扮男裝頂替。越劇的演出，目前可以在一些觀光景點，或是特別節慶中看到。

杭州黃龍越劇團表演《梁祝》

傳統戲曲

百戲之祖，名列文化遺產

崑曲

崑曲是中國最古老的劇種，起源可以上溯到元朝，當時戲曲家顧堅開創崑山腔，距今已超過600多年。明朝的魏良輔革新成崑曲水磨腔，並且與梁辰魚合作第一齣崑曲戲劇《浣紗記》獲得成功，隨後就在蘇州、揚州地區蓬勃發展，並且流傳到各地。

盤門伍相祠地方折子戲(崑曲)表演

周庄古戲台崑曲表演場地

目前，崑曲在蘇杭一些地方仍然可以看到，蘇州旁的水鄉小鎮──周庄的古戲台，每天就有固定的崑曲表演。

由於崑曲歷史悠久，因此被稱爲百戲之祖，也是聯合國教科文組織首批核定的世界人類口述與非物質文化遺產。

傳統說書，以說唱爲主

評彈

評彈或稱蘇州評彈，是傳統說書的一種，大約起源於明朝，距今已有400年歷史。

所謂的「評彈」，是結合只說不唱的「評話」與又說又唱的「彈詞」兩種藝術而成。民間流傳清朝乾隆下江南時，就曾觀賞過這種表演藝術。20世紀初年，評彈盛行於上海、蘇州等地區，出現了許多出眾的表演團體，講述的內容多爲俠義、愛情、歷史故事等。

目前評彈在蘇州及附近小鎮的茶館，仍然可以看到，但是因爲使用的是蘇州話，主要表演形式又以說唱爲主，一般外地遊客，不是很容易了解。

地方風物

豐富的購物樂趣

杭州和蘇州是江南的兩座歷史古城，物產豐饒、名士輩出，尤其自古流傳下來的人文掌故，更使得這兩座城市煥發出特殊的文化色彩。在這種地靈人傑的所在，也孕育發展出許多文化風味濃厚的名物；在尋幽訪勝途中，隨手帶上精緻的絲綢、刺繡、瓷器、扇子、毛筆，都能使旅行增添不少顏色。此外，茶葉、糖果、藕粉等特產，則可以滿足口腹之欲，因此在蘇杭旅行時，千萬不要錯過豐富的購物樂趣啊！

蘇州刺繡研究所的蘇繡作品

蘇州地方風物

中國刺繡藝術的代表作

蘇繡

蘇繡與廣東的粵繡、湖南的湘繡和四川的川繡，合稱中國四大名繡，自古便是中國刺繡藝術的代表作。蘇繡的針法共分為9大類、48種，其中又以雙面繡馳名於世。

蘇州最精緻的刺繡作品，可以在蘇州刺繡研究所看到，在這裡刺繡已經提升到了精緻藝術的境界，不

過這裡展示的作品，價格動輒上萬元人民幣，並不適合作為紀念品購買。

旅行小抄

物美價廉哪裡買？

在蘇州古城境內，由於人為的哄抬，蘇繡早已不是物美價廉，倒是蘇州附近的水鄉小鎮如甪直、同里等，由於當地居民自產自銷，遊客還可以以合理的價格，買到不錯的作品。

最值得購買的紀念品

蘇扇

在蘇州產製的扇子，稱為蘇扇，是蘇州著名的地方工藝。蘇扇以絹宮扇、折扇與檀香扇最為著名，其中折扇又稱為朝鮮扇、雅扇，是唐朝時自韓國所傳入。

折扇的製作又分為供男人用的文人扇與供女人用的絹扇，文人扇的扇面以上等宣紙裱製而成，上面繪有山水、花鳥、蟲魚、詩句、佛經等，更講究的還灑有金粉。絹扇的

扇面則以絲絹製成，用色活潑明亮，適合搭配服飾。絹宮扇則是扇面繃緊成平面的絹扇，上面多畫有古代仕女，重量很輕。蘇扇是旅遊蘇州時很值得購買的紀念品，文化氣息濃厚，價格也不貴。

最具民俗色彩的工藝品

桃花塢木刻年畫

所謂年畫是指昔日過年時用來裝飾門板、牆壁的木刻版畫，蘇州的桃花塢木刻年畫，與山東濰坊的楊家阜年畫、天津楊柳青年畫，並稱中國3大年畫。

清朝初年時，由於大運河水運，桃花塢年畫與楊柳青年畫盛極一時，當時被稱為「南桃北柳」。目前以年畫裝飾門板的風俗雖然已經不盛行，但木刻年畫仍是相當具民俗色彩的工藝品。

茶香中兼有果味之美

碧螺春茶

原產於蘇州西部，太湖東洞庭山鎮——碧螺峰的碧螺春茶，是中國的十大茗茶之一。碧螺春茶俗稱「嚇煞人香」，由這個名字大概就可以了解這種茶葉特殊的香味；在品茗界流傳的一句話說「洞庭碧螺春，茶香百里醉」，可見碧螺春香氣之盛。

碧螺春茶的採摘是在晚春的清明節過後，只摘採嫩尖的一枝一葉，茶葉成品青綠，沖泡過後茶香中兼有果味之美，是其一大特色。

甚獲文人雅士的歡迎

蘇州湖毫

蘇州產製的毛筆，是當地文房四寶中最重要的工藝。蘇州湖毫是清朝中葉時，自浙江傳入，由於作工精細，甚獲文人雅士的歡迎。

蘇州湖毫共分爲6大類、300多個品種，對於書法有興趣的讀者，蘇州湖毫是一項值得購買的工藝品。

對體內酸鹼中和甚有助益

東山楊梅

在太湖邊上的東洞庭山(東山)與西洞庭山(西山)遍植梅樹，冬天時梅花綻放，一片梅海；至於6月時梅子收穫，又是一片農忙景象。東山楊梅自明代時開始栽培，目前是當地一項重要產業。

楊梅的製作需要先將梅子浸泡鹽水，然後風乾，由於梅子是鹼性的食物，對於體內酸鹼中和甚有助益，是頗受歡迎的蜜餞。

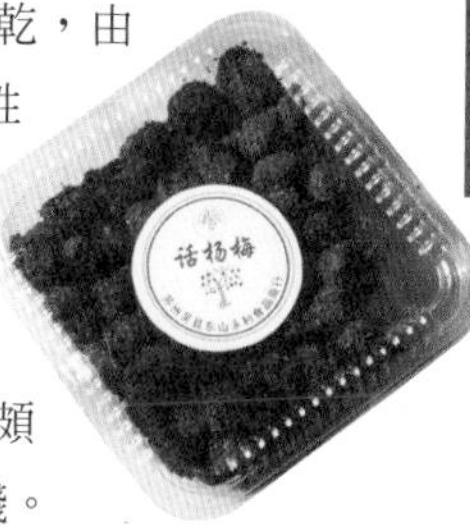

商品達三百多樣，價錢平易

蘇州采芝齋糖果

「蘇州采芝齋」(相關介紹見P.97)是蘇州著名的百年老店，本店創始於清同治9年(西元1870年)，主要產品有蘇式糖果、糕點、炒貨、蜜餞與鹹味等，品種達到三百多樣。其中松仁糖、粽子糖、蝦籽、蝦子醬油、奶油瓜子、棗泥麻餅、芝麻酥糖等，都是著名的產品。

由於采芝齋的名氣響亮，糕果的價錢又平易，一般遊客到蘇州旅遊時，常常在觀前街的本店帶上幾包糖果回去送禮。

杭州地方風物

織錦與絲綢結合的工藝

杭州絲綢

杭州自古是絲綢之鄉，早在唐代，杭州綢緞就是朝廷的貢品；到了宋朝，由於海上貿易大興，杭州絲綢的製造進入了全盛時期。南宋建國之後，由於定都於杭州，絲綢的製作更爲興盛，幾乎到了「機杼之聲，戶戶相聞」的地步，也爲它贏得了「絲綢之府」的美譽。

目前杭州的絲織品，共有14大類、200多種品牌，其中又以「都錦生織錦」最爲出名。都錦生織錦是由杭州人都錦生創立於1922年，是一種將織錦與絲綢結合的工藝，

成品美輪美奐。

至於絲綢服裝較有名的牌子有喜得寶、凱地、凱喜雅斯等，杭州市內還有一處中國絲綢城，是中國大陸境內最大的絲綢集散市場，這裡有約800家絲綢店鋪可供遊客選購。

家喻戶曉的百年老店

王星記扇子

杭州的「王星記扇子」以黑紙扇與檀香扇最爲著名，其中黑紙扇還曾被滿清朝廷納爲貢品。

王星記扇子創立於清光緒元年(西元1857年)，因爲作工精良、選料考究，再加上促銷得宜，因此成爲杭州家喻戶曉的百年老店。這家扇子廠出品的扇子，在1981年時還曾獲得大陸工藝美術品百花獎的銀杯獎。

口感清甜滑潤

西湖藕粉

由蓮藕製成的藕粉，在南宋時期就是朝廷貢品，目前仍是杭州的名產之一。目前藕粉產地以余杭市崇賢鎮三家村最爲有名，通稱「三家村藕粉」。三家村藕粉外表呈片狀，色澤微紅，有銀白光澤，吃的時候加入桂花糖，口感清甜滑潤。

在1970年代，美國總統尼克森與法國總統龐畢度訪問中國大陸時，中共總理周恩來曾以「三家村藕粉」贈送兩位外國元首，因此聲名更盛。

磨工精細、經久耐用

張小泉剪刀

張小泉剪刀成立於明朝萬曆年間，由安徽的一名鐵匠張思家與兒子張小泉合創，原來店名是張大隆剪刀鋪。後來張小泉將剪刀鋪搬到杭州，改名張小泉，生意日漸興隆。清朝乾隆皇下江南時，據說曾微服至張小泉剪刀鋪買剪刀，後來下旨要宮廷採用，張小泉名號因此聲名大噪。

張小泉剪刀講究選料精良、磨工精細、經久耐用，共黨統治後張小泉收歸國營。1990年代因爲外來競爭，營業曾一度瀕臨危機，目前爲登記有案的「中華老字號」之一。

流落民間的古董

宋朝古銅錢

杭州是南宋的首都，所以當地遺留下來的宋朝古蹟非常多，流落民間的古董也不少，其中之一就是古銅錢。

古銅錢在杭州很多古董市場都有販賣，價格也不貴，是很好的旅遊紀念品。其中如果有典故的銅錢，例如以瘦金體書法馳名於世的宋徽宗，所親自題寫的崇寧通寶，價格雖然貴上許多(人民幣200元)，但更有收藏價值，選購時記得挑選有浙江省收藏協會錢幣委員會的認證，才是眞品。

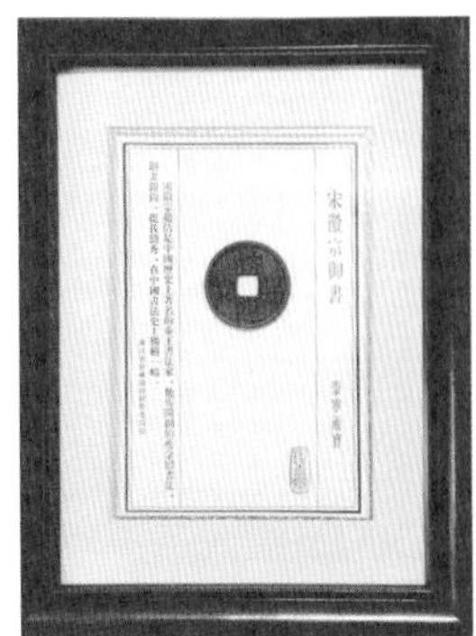
崇寧通寶

清雅別致的南宋青瓷

仿官窯青瓷

南宋官窯專門生產色澤青翠如玉石的皇家青釉瓷器，工藝水準極高。此窯所使用的多次上釉與多次素燒工法，在外表形成細膩質感。

這種具有獨特碎紋的青瓷，由於清雅別致，有「紫口鐵足」的稱號，也讓南宋官窯被尊爲中國5大名窯之首。

隨著13世紀蒙古鐵騎滅亡南宋之後，南宋官窯被毀，青瓷工藝因而失傳。現在的仿南宋官窯青瓷產品，是杭州地區專家們根據考古研究所復原、仿製的作品，成品已非常接近古官窯青瓷，是相當受觀光客歡迎的紀念品，只是售價不低。

位居大陸十大茗茶之首

西湖龍井茶

龍井茶原產於杭州郊外的龍井村地區，以「色綠、形美、香郁、味醇」的特色，位居大陸十大茗茶之首，歷史上還曾作爲皇室的貢品。

龍井茶的外型具有扁平、細嫩、翠綠等特色，嫩綠芽片上還有纖纖細毛，泡茶成色青綠，口感清醇淡雅。龍井茶依採摘的季節，可分爲春茶與秋茶之分，其中又以一尖二葉的明前茶最佳。

杭州的傳統工藝品

西湖綢傘

杭州自古以盛產絲綢而聞名，西湖綢傘就是一項絲綢的衍生產品。中國傳統製傘工藝擅長的是油紙傘，至於用絲綢所作成的傘面，除了色澤鮮豔亮麗之外，還有經久耐用的特色。

西湖綢傘是杭州的傳統工藝品，目前以天堂牌花傘最爲有名。

美食薈萃

蘇杭經典美味

蘇杭美食的特色是食材豐富，不管蔬菜、海河鮮或是禽畜類，都講求新鮮與合乎節令。烹調方式上擅長蒸、煮、炒、炸、燴、溜、燒等，口味上著重清淡爽口、甜鹹鮮嫩與突顯食材的原味。

東南第一味

蘇州、杭州位於長江以南的魚米之鄉，由於氣候溫和、物產富饒，向來有人間天堂的美譽。蘇杭菜屬於江浙菜的一支，發源於中國四大菜系之一的淮揚菜，自從隋煬帝開通大運河之後，北方先進的烹調方法，隨著大運河南北的交通，傳到了江南，淮揚菜博取百家之長，又充分運用當地盛產的食材，開始為它贏得了「東南第一佳味」的美譽。

景陽崗羊肉

青糰子

知識充電站

蘇杭美食的變遷

吳山酥油餅

北宋末年宋室南遷後，由於定都杭州，因此餐飲品質達到更進一步的發展，這時江浙菜興起，逐漸成為中國的八大菜系之一。不管是淮揚菜或是江浙菜，這些奠基於江南的菜餚，呈現出來的都是清秀淡雅的飲食風貌。

由於地理位置是魚米之鄉的江南，蘇杭美食的特色是食材豐富，不管蔬菜、海河鮮或是禽畜類，都講求新鮮與合乎節令。烹調方式上擅長蒸、煮、炒、炸、燴、溜、燒等，口味上著重清淡爽口、甜鹹鮮嫩與突顯食材的原味。

在美食的典故與製作上，由於杭州曾是南宋帝國的首都，餐飲的豐富程度上，無疑地是要比蘇州好上很多；不過蘇州由於瀕臨太湖，也有獨特的鄉土太湖船菜。除了一些大家耳熟能詳的名菜如東坡肉、西湖醋魚、龍井蝦仁、松鼠鱖魚之外，一些便宜卻富當地特色的地方小吃，也很值得讀者們旅遊杭州、蘇州時嘗鮮。

杭幫名菜

特別香嫩可口

東坡肉

顧名思義，「東坡肉」就是蘇東坡任職杭州期間所發明的菜餚。相傳北宋元佑年間，蘇東坡動員民工疏浚西湖，並用湖內淤泥堆出一道長堤，就是今天的蘇堤。

在工程結束之後，爲了犒賞工人，蘇東坡就要求家人帶著紅燒肉、紹興酒去送給民工，並且囑咐烹調時要「慢著火，少著水，火候足時它自美。」不過家人把他的意思給搞錯了，將原來爲兩道菜的紅燒肉與紹興酒，混在一起煮，結果竟然發現燒出來的肉，特別香嫩可口，因此引起當地人的仿效，並且命名爲東坡肉。

自己動手做

東坡肉的作法並不難，在家裡也可嘗試自己製作，成品混合酒香、肉香與醬油的釀造大豆香味，入口即化，是一道很下飯的料理。

1 選用帶皮的五花肉，加入冰糖、醬油、青蔥與紹興酒。

2 放入砂鍋中蒸煮。

口味較重的菜

西湖醋魚

西湖醋魚又稱「叔嫂傳珍」，它的起源有兩種說法，一說是宋五嫂爲了替小叔餞行所作，取義在「甘甜不忘百姓心酸之處」；另一說爲宋五嫂的小叔生病，爲了給小叔開胃，而特別製作這道口味重的菜。

由字面上就可以知道，西湖醋魚是由魚加醋所作成。魚的選用一般分爲草魚與鱖魚，其中鱖魚的肉較結實，也比較好吃。

鮮

自己動手做

1 先將全魚對開切成兩半用熱水燙熟。

2 將糖、醋勾芡淋到魚上即成。

口感鮮嫩爽口

宋嫂魚羹

這也是一道傳說由宋五嫂所發明的料理，北宋末年時汴京人宋五嫂隨宋室南遷杭州，與小叔捕魚維生。淳熙6年時，宋高宗趙構遊西湖，在西湖邊品嘗了宋五嫂所製作的魚羹，驚為美味，於是賞賜黃金，又賜給旗號，於是宋嫂魚羹盛名享譽京城。

宋嫂魚羹的口感由於鮮嫩爽口，所以又被稱為「賽蟹羹」，有些餐廳的上菜方式，就是把羹湯裝在螃蟹狀的湯碗裡。吃起來的口感，就像是台灣常吃的酸辣湯。

自己動手做

滑

1 將鱖魚剔去魚刺。

2 然後加入火腿、香菇、胡蘿蔔、竹筍絲、薑、醋、酒、辣椒絲等勾芡煮成。

比烤的還好吃

叫化童雞

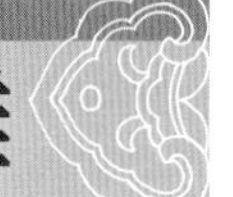

叫化童雞是一道有名的江浙菜，最早據說是從一個叫化子無意間得到一隻小母雞所開始。

由於叫化子沒有炊煮的工具，所以就地取材用泥土把雞隻封起來，然後燜到火堆中去炊煮，等到泥土燜到乾熱，肉的香味溢出，就把外表的泥層敲碎，然後取肉來吃；這時發現雞肉香嫩爽口，比烤的還好吃，便流傳了下來。

自己動手做

1 將雞隻宰殺洗淨後，在雞身上抹上多種調味料。

2 然後用荷葉包裹起來，再抹上泥土。

3 送入火爐中燜烤2～3個小時即可。

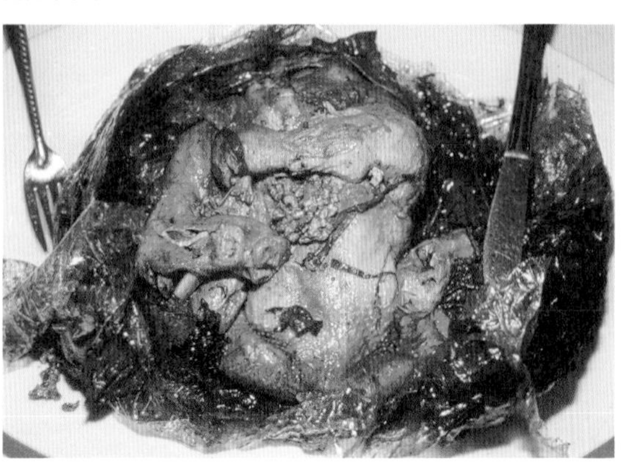

色綠、香郁、味甘與形美

龍井蝦仁

龍井蝦仁顧名思義，就是用龍井茶與西湖蝦所製成的料理，只是較講究的餐廳，會選用清明節之前採摘的龍井茶，因爲這個時節的茶葉，具有「色綠、香郁、味甘與形美」4大特色。這道茶菜的口感清淡爽口，色澤白中泛綠甚爲美觀。

龍井蝦仁傳到了蘇州，當地人用著名的當地茗茶碧羅春茶代替龍井茶來烹製，就被稱爲碧羅蝦仁。

旅行小抄

哪裡吃最划算？

餐廳選用的湖蝦體積甚小，吃起來不是很過癮。此外，在杭州餐廳中此道菜的價格混亂，有些老牌餐廳標價到150元以上，但一些新興的民營餐廳，卻只要50幾元，彼此的口味卻相差無幾。

入口鬆脆，豆香十足

酥炸響鈴

酥炸響鈴是一道講究酥脆口感的菜餚，做法很簡單，就是用杭州附近生產的泗鄉豆腐皮，切斷酥炸即成。吃的時候加點蔥條、甜醬或胡椒鹽，入口鬆脆，豆腐香味十足。

在台灣很少看到

蟹汁鱖魚

這是一道由南方大酒家所發明的菜餚，曾經榮獲大陸的全國烹調大賽金獎。蟹粉與蝦籽等是江南獨特的調味原料，在台灣很少看到，對於大陸的江南風味有興趣的讀者，可以試試這道美食，體會一下當地的風土口味。

鮮 自己動手做

1. 先將整條新鮮的鱖魚蒸熟。
2. 然後淋上用蟹粉調製而成的濃稠醬汁。

口感黏稠，略帶酸味

西湖蓴菜湯

西湖蓴菜湯自古便是著名的西湖菜。吃蓴菜湯首先要講究蓴菜的新鮮度，新鮮的蓴菜湯清爽可口。這裡所用的蓴菜是產於江南的特有植物，口感黏稠，又略帶酸味，除了西湖之外，太湖也有生產。

旅行小抄

筆者曾在蘇州的餐廳，吃到不新鮮的蓴菜湯，味道像洗腳水，令人作嘔。

清

自己動手做

1 將取自西湖中的蓴菜，加入雞肉絲、火腿絲。

2 煮成清湯即可。

清香美味、甜軟可口

桂花糯米藕

糯米藕是江南常見的美食甜點，杭州因爲盛產桂花，所以在蒸煮的時候加入桂花，使得這道甜食更爲清香美味、甜軟可口。

甜

自己動手做

1 將糯米灌入蓮藕的孔隙中。

2 然後用糖水蒸煮熟透即可。

湖蝦飛跳、料酒四濺

西湖活跳蝦

這道菜的趣味在於上菜的當口，許多蝦子並沒有完全醉透，所以在揭蓋取食時，湖蝦會掙扎、滿桌飛跳，引得料酒四濺，非常有趣。

醉

自己動手做

1 將新鮮的活蝦清洗乾淨。

2 放入由黃酒、醬油、蔥、薑、蒜等調製而成的料酒裡，將牠們完全醉死。

3 然後取出剝殼取食。

湯汁濃稠、甜鹹適中

密汁火方

密汁火方的起源相傳是從南宋開始，南宋初年抗金名將宋澤，自家鄉義烏帶回了臘肉獻給宋高宗，高宗以臘肉色澤豔麗華美，賜名「金華火腿」。

密汁火方的特色是湯汁濃稠、甜鹹適中。杭州的南方大酒家將密汁火方加以改良，變成金牌扣肉，口味更佳。

自己動手做

1. 取金華火腿的中腰部位，先用冰糖、醬料浸入蒸熟。
2. 然後襯以蓮子、櫻桃等上桌。

杭州的傳統名菜

老鴨煲

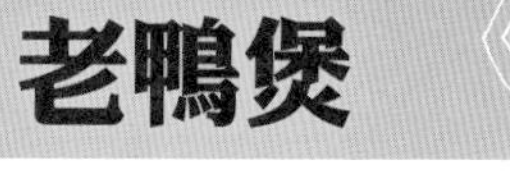

老鴨煲又稱火踵神仙鴨，是杭州的傳統名菜，目前又以張生記酒店(相關介紹見P.183)名氣最爲響亮。

老鴨煲是用本地足齡的老鴨，加入火腿、豬腳、竹筍、粽葉等，放入大砂鍋中，密封鍋蓋用小火燉煮而成，原汁原味，味道醇厚濃密；只是這道菜的普林較高，有痛風毛病的人不適合食用。

自己動手做

1. 用本地足齡的老鴨，加入火腿、豬腳、竹筍、粽葉等，放入大砂鍋中。
2. 密封鍋蓋用小火燉煮而成。

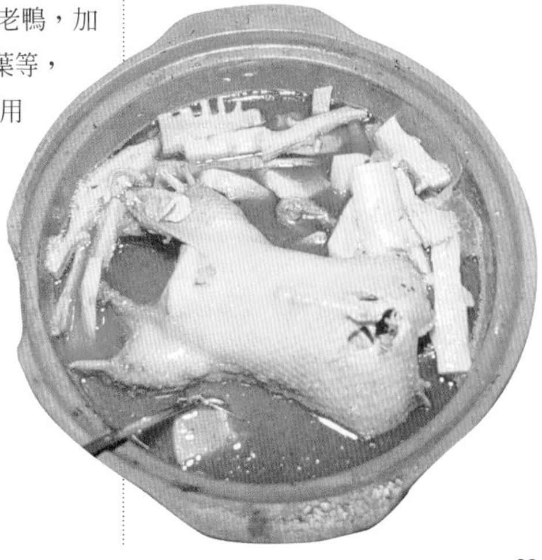

必嘗的地方小吃

蝦爆鱔麵

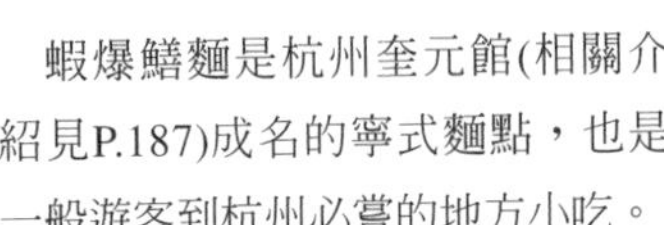

蝦爆鱔麵是杭州奎元館(相關介紹見P.187)成名的寧式麵點，也是一般遊客到杭州必嘗的地方小吃。

它的做法是選用腰粗肉多的當地黃鱔魚，用麻油炒炸到香酥肉脆，又將蝦仁清炒至白嫩熟透，兩者再一起鋪在中等寬度的麵條與高湯上，是一道富有江南風味的湖鮮麵點。

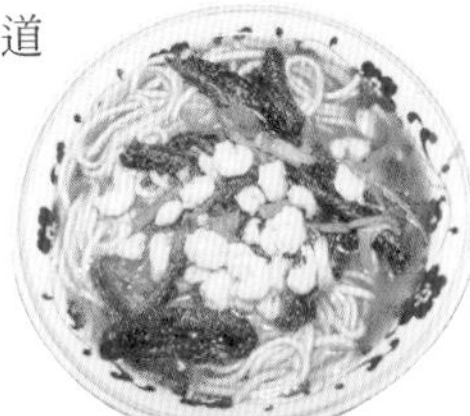

湯鮮味美又飽足

貓耳朵

不要被這個名字給嚇著了！貓耳朵並非眞是貓的耳朵，而是用麵粉所作成的一種麵點。

做法先是用高筋麵粉揉成麵糰，然後用拇指將麵糰壓成一個個半圓形的麵片，再下鍋煮熟。一般在麵湯裡還會加上青豆、火腿、香菇、筍片、雞丁等，吃來湯鮮味美，又能吃得飽足。

金黃酥脆，入口即化

吳山酥油餅

吳山酥油餅又稱爲簑衣餅、吳山第一點，帶甜的口味，吃起來有點像是千層酥。

它的做法是用麵粉加入食用油，和成油麵糰後，再捏成層層疊疊的半圓形狀，然後下鍋油炸後加入白糖即成，顏色金黃酥脆，入口即化。

杭州知名麵點

片兒川麵

片兒川麵也是奎元館的知名麵點，但是在杭州許多餐廳都可以吃到。這道麵其實就是台灣也吃得到的雪菜肉片麵，做法是將麵條加入瘦豬肉片、雪菜與竹筍同煮即可。

杭州百年老店知味觀

知味小籠

知味小籠指的是杭州百年老店知味觀(相關介紹見P.184)的各種小籠包，這些小包子是用高筋麵粉做成麵皮，加入不同作料之後，直接放入小蒸籠之中蒸熟。其中加入蝦肉餡的，就是蝦肉小籠；加入豬肉餡的，就是鮮肉小籠；至於雞火小籠的肉餡，則是雞肉與火腿。

蘇幫名菜

蘇州老店松鶴樓名菜

松鼠鱖魚

鱖魚是淡水魚，生長在湖邊蘆蒿叢生的地方，背上有一根毒硬刺，捕撈的時候沿著蘆杆尋找魚蹤，當找到時，只要避過硬刺，就可以順利撈起。鱖魚由於大眼闊嘴，又專吃小魚，所以俗稱「老虎魚」。

松鼠鱖魚是蘇州老店松鶴樓(相關介紹見P.104)的名菜，原來是由江浙菜中的「全炙魚」發展而來。這道菜的成品由於魚身昂首翹尾，油炸後的魚片又蓬鬆地像松鼠，所以取名爲松鼠鱖魚。

這道菜的做法後來又經過蘇州新聚豐菜館(相關介紹見P.103)改良成爲「祥龍鱖魚」，滋味更佳。

自己動手做

1. 將洗淨去鱗的鱖魚，自外向內切成一塊塊的魚片，但是魚片仍然連在魚身上。
2. 然後全魚沾粉下鍋油炸熟。
3. 淋上鮮紅色的甜酸醬即可。

蘇州得月樓名菜

得月童雞

得月童雞是蘇州得月樓(相關介紹見P.103)的名菜，吃的時候因爲整隻雞已經滷得熟透，所以肉質鮮嫩，一撕即開。

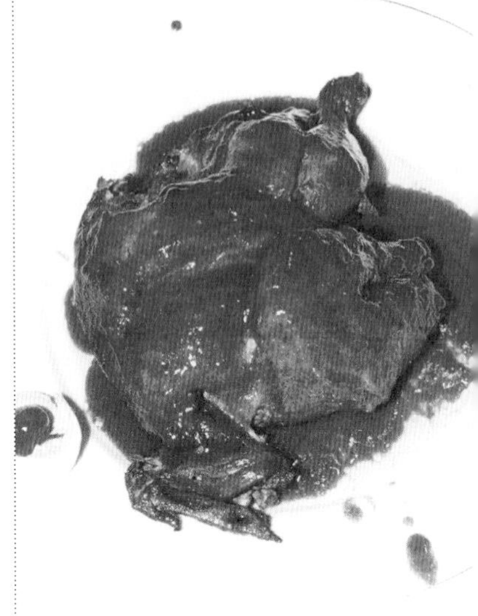

自己動手做 滷

1 選用大小適中的母雞，先入鍋滷烤至味道滲入肉裡。

2 上桌時再淋上鹹度適中、顏色暗紅的醬汁。

蟹膏豐腴，蟹肉甜美

陽澄湖大閘蟹

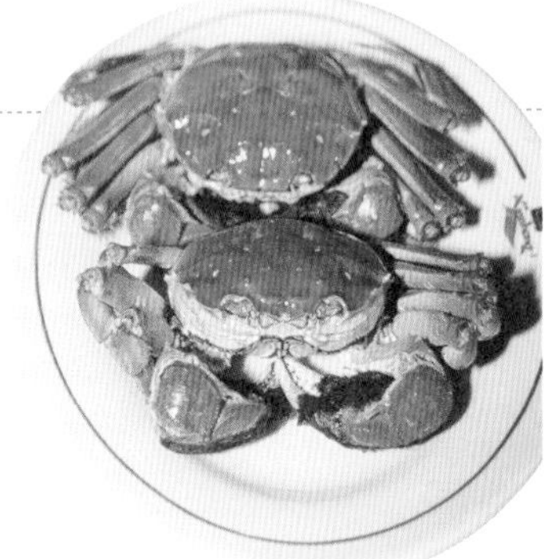

大閘蟹是淡水毛蟹的一種，特點是青背白肚、金爪黃毛，產地以陽澄湖爲最佳，但是因爲現在供不過求，有許多產自太湖的大閘蟹也上市搶地盤。

吃大閘蟹非常講究時節，時節挑對了，品質通常不會差太多。吃母蟹最好的季節是農曆9月，這個時候蟹黃結實，時常蟹殼內滿滿都是黃澄的蟹黃，令人大飽口福。至於吃公蟹則要選農曆的10月，這個時節公蟹體內的蟹膏豐腴，蟹肉甜美。

旅行小抄

秋天吃陽澄湖大閘蟹原來是上海大戶人家的季節享樂，在以往吃大閘蟹還沒有蔚成風氣時，還可以吃到重量達1斤的大蟹，但是現在，就連在蘇州、太湖附近的餐館，能吃到的也大都是3、4兩的小蟹。

自己動手做 甜

1 活蟹加上紫蘇清蒸。

2 吃的時候沾點烏醋去腥。

3 吃完之後再喝點薑湯去寒。

巴魚最好吃的部位是魚肝

巴肺湯

巴魚又稱爲斑魚，是河豚的一種幼魚，由於巴魚未入海吃過一些有毒藻類，所以不像一般的河豚帶有劇毒。巴魚體積很小，一般只比成年人的手掌略大，不過只要經過刺激，身體就會膨脹。

巴魚最好吃的部位是魚肝，它的一般做法是將魚肉與魚肝加入青

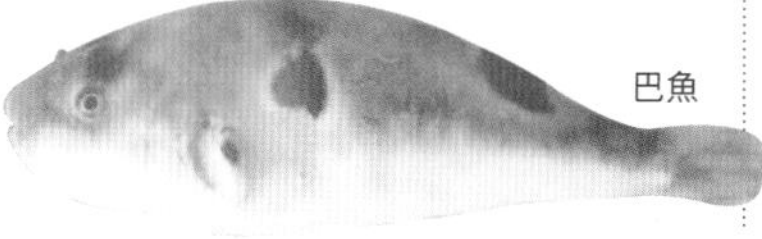

巴魚

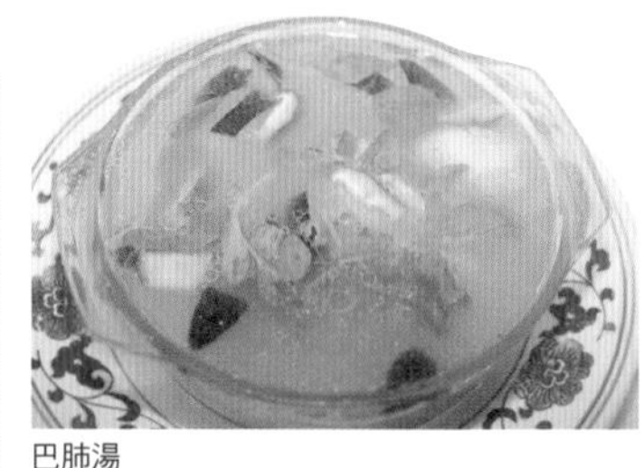

巴肺湯

菜，煮成清湯，稱爲巴肺湯(斑肝湯)。

民國18年黨國元老于右任，到木瀆的石家飯店(相關介紹見P.111)用餐時，首次吃到了這道斑肝湯，但是因爲口音的關係，聽成了巴肺湯，還題了「巴肺湯館」4個字送給了餐廳，這道菜也就陰錯陽差地被改稱爲巴肺湯了！

色白少刺，肉質細密

太湖白魚

白魚與銀魚、白蝦合稱太湖三白，也是太湖的湖鮮之一。白魚的體積比起銀魚要大上許多，約有一般草魚的大小，白魚可炒可蒸，而最好的吃法是直接將整條魚清蒸。太湖白魚色白少刺，肉質細密，是太湖船菜的要角之一。

江南魚米之鄉的代表美食

太湖銀魚

銀魚與白蝦、梅鱭合稱爲太湖三寶，是江南魚米之鄉的代表美食之一。銀魚的體積很小，只比台灣一般吃的魩仔魚大一些。魚身無鱗軟骨，顏色潔白、肉質鮮美，可湯可炒，一般是與雪菜炒來吃、加蛋炒成銀魚炒蛋，或作成銀魚丸子、芙蓉銀魚、銀魚清湯等。

充滿蝦子鮮味的料理

三蝦豆腐

三蝦豆腐是木瀆石家飯店(相關介紹見P.111)發明的菜餚，三蝦豆腐中加入了蝦肉、蝦腦與蝦仔，所以稱爲三蝦豆腐，是一道充滿蝦子鮮味的料理。

周庄最著名的食物

萬三蹄

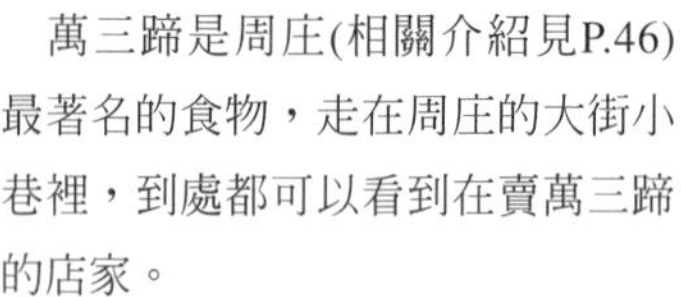

萬三蹄是周庄(相關介紹見P.46)最著名的食物，走在周庄的大街小巷裡，到處都可以看到在賣萬三蹄的店家。

萬三蹄相傳是江南鉅富沈萬三所發明，其實就是滷蹄膀。不過，將一隻隻的豬蹄膀滷到甜鹹適中，入口粘膩鬆軟，可不是件容易事，光看擺出來油滑光亮的萬三蹄，就令人饞涎欲滴，難怪一般遊客來到周庄，都不忘叫上一客來品嘗。

太湖漁民的尋常料理

湖鮮煲

太湖湖鮮煲是太湖漁民的尋常料理，目前也是太湖船菜的代表菜色之一。湖鮮煲的做法很簡單，就是挑選新鮮的湖蟹、湖蝦、湖魚、貝類再加上青菜與冬粉，放入砂鍋之中一起燉煮到熟，即可上桌。

清淡爽口，值得一試

雞頭米

雞頭米又稱芡實，是一種蓮科植物，大小相當於玉米粒，口味也相近，要在江南水鄉小鎮，特別是在蘇州附近才能夠吃到的食物，台灣很難得能夠看得到。雞頭米的做法，一般是煮成甜湯，吃起來的感覺清淡爽口；旅遊蘇州時值得一試。

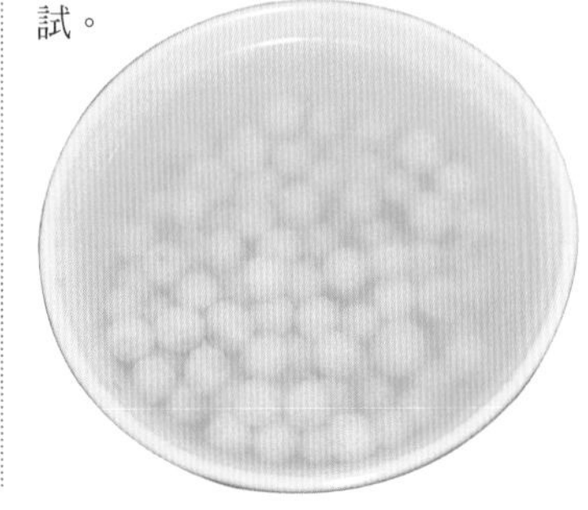

行程規劃

蘇州與杭州是兩座風味不同的城市，如果以旅遊為目的，可以單獨玩一座城市，也可以雙城合併旅遊，各有樂趣，以下是作者推薦的漫遊行程。

蘇州園林古蹟水鄉3日遊

蘇州是一座歷史古城，歷史超過2,600年，因此留下豐富的古蹟與文化遺產。蘇州又以設計巧妙的中國式園林著稱，如果對於歷史、園林與江南小鎮有興趣，但是旅遊的時間又不充分，可以安排3天的文化與美食之旅。

留園→拙政園→獅子林→網師園→蘇州博物館→太平天國忠王府→觀前街

第一天可以到蘇州幾處最著名的園林參觀，包括列入聯合國世界文化遺產的留園、拙政園，此外獅子林與網師園也頗具特色。在新的園林方面，由著名華裔建築師貝聿銘設計建造的蘇州博物館，可以一窺現代的園林觀念。蘇州博物館另外與太平天國忠王府相通，在這裡可看到難得一見的太平天國文物。晚上則到著名的觀前街享用當地美食。

虎丘→寒山寺→楓橋→盤門→山塘街

在蘇州的第二天，可以到有「吳中第一名勝」的虎丘參觀，回顧春秋時代吳王闔閭與夫差的歷史。接著可以來到因為唐詩「楓橋夜泊」而聞名的寒山寺一遊，有興趣的話還可以付點錢，敲敲寒山寺的古鐘。寒山寺的旁邊就是楓橋，也就是楓橋夜

1.蘇州盤門小船遊河景象
2.蘇州山塘街日景　3.蘇州山塘街夜景

泊詩中的場景。下午可以到盤門，這裡是很少見的水陸關隘，裡面的瑞光塔是宋代古蹟。在盤門內可以搭小船遊河，欣賞蘇州評彈與歷史悠久的崑曲。晚上可以到近幾年整修完成的山塘街欣賞夜景，並且享用晚餐。

周庄

DAY 3 江南水鄉小鎮遊

蘇州也是通往許多江南水鄉小鎮的樞紐，附近著名的小鎮包括周庄、同里、甪直、木瀆、東山、西山等，第三天可以選一個小鎮進行全天的探訪。其中最著名、遊人最多的是周庄，周庄雖然硬體設施最好，但是遊客太多，反而破壞了小鎮的淳樸氣氛。讀者可以選擇其他知名度較低的小鎮，一樣有小橋流水，可以泛舟遨遊，又可以享用頗富地方特色的當地水鄉美食。

杭州西湖、西溪溼地文化美食3日遊

杭州是中國的七大古都之一，目前也是浙江省的省會，不但自然景觀與知識充電站豐富，又以美食著稱，可以多花一點時間慢慢品味。如果時間不多，可規劃精華的3日之旅。

杭州西湖

DAY 1 西湖博物館→西湖十景→河坊街

杭州西湖大概是中國歷史上，文人雅士吟詠最多的湖泊。因此在杭州的三天裡，第一天可以安排一整天的西湖遊覽。環繞西湖，自古有西湖十景的絕美景觀，可以搭乘環繞西湖的電瓶車一一探訪。對於西湖缺少了解的讀者，建議從南山路的西湖博物館開始，這裡有西湖地理、生態與歷史的展示與介紹，可以對於西湖有些基本的認識。西湖十景如果全部逛遍，大概需要一整天的時間，如果行有餘力，可以再從西湖新十景中，選出一兩個進行探訪。與西湖十景不同的是，新十景通常距離西湖較遠，交通比較花時間。晚上可以到河坊街逛街與享用晚餐。

杭州西溪溼地

DAY 2 西溪溼地→西湖景點→西湖天地

在杭州的第二天，建議到位於杭州市區的西邊西溪溼地參觀，此處因為大陸賣座電影《非誠勿擾》而走紅的景點，有如一座大自然的綠色迷宮，遊客可以在這裡搭乘手搖船，沿著河溪一路漫遊。西溪溼地由於面積較大，因此要花上大半天的時間，下午可以繼續到西湖，延續第一天未參觀完的景點。晚上可以到位於西湖邊上的西湖天地，這是一處結合餐飲與文化的綜合商業區，裡面有幾家富有特色的餐廳。

靈隱寺→岳王廟→胡雪巖故居→印象西湖實境秀

杭州也是富有文化古蹟的地方，第三天建議到靈隱寺、岳王廟與胡雪巖故居參觀。靈隱寺是濟公和尚掛單的地方，一旁的飛來峰石刻，雕刻精美，頗有可觀。岳王廟是紀念南宋民族英雄岳飛的地方，許多遊客來到杭州都會來此參拜，廟內的秦檜夫婦跪像也是一處獨特的古蹟。胡雪巖故居是清末紅頂商人胡雪巖的宅院改建而成，胡雪巖的故事近年因為多次改編海峽兩岸的電視劇，而變得家喻戶曉。在這裡可以看到清末富商豪宅中，中西合璧的建築特色。晚上可以到岳王廟對面，欣賞「印象西湖」實景秀。

1.岳王廟　2,3.印象西湖實景秀

蘇杭天堂7日全覽

如果讀者的時間充足，而且想一次遊覽兩個不同風味的城市，也可以規劃成7日的蘇杭全覽之旅。這7天的行程，是結合蘇州園林古蹟水鄉3日遊與杭州西湖、西溪溼地文化美食3日遊而成，中間的一天，則是作爲兩地之間的交通。在那一天，如果抵達杭州的時間較早，還可以到杭州的南宋御街，另外也可以選擇一個富有特色的博物館參觀，這些博物館包括中國茶葉博物館、中國絲綢博物館、南宋官窯博物館等等，再到餐廳聚集的高銀街享用美食。

南宋御街

樓外樓 老飯店

蘇州煙雨：水鄉小鎮

水鄉小鎮位置圖
北
太湖
光福風景區
木瀆
明月寺
古松堂
古樟園
西山鎮
梅園
林屋洞
西山風景區
席家花園(啟園)
東山鎮
西山賓館
石公山
雕花樓
紫金庵
軒轅宮
東山風景區

陽澄湖
蘇州市
用直
保聖寺
澄湖
崇本堂
嘉蔭堂
退思園
同里
澄虛道觀
雙橋
張廳
迷樓
沈廳
周庄
台灣老街
上海市

周庄

門前街道屋後河，深長弄堂百條多

http www.zhouzhuang.net
白天08:00～16:00，夜遊16:00～21:00(冬季～20:00)
$ 白天100元，夜遊周庄80元
自汽車北站搭乘直達巴士前往
MAP P.45

旅美中國畫家陳逸飛在1984年初時，曾經到周庄寫生，並且用雙橋的景觀入畫，命名爲「故鄉的回憶」。後來這幅畫被美國西方石油公司的董事長阿曼德哈默購買，並且在當年秋天訪問中國時，做爲禮物送給中共領導人鄧小平，從此周庄因爲這幅畫的加持，名揚中外，成爲最著名的江南水鄉。

【歷史】

周庄的名稱是開始於北宋元祐元年(西元1086年)，距今已有九百多年歷史，當年住在這裡的周迪功捨宅爲寺，於是這個地方便稱爲周庄。

元朝中期，商人沈萬三，運用鎮北白蜆江的舟楫之便，經營通番貿易，頓成鉅富，周庄也一躍成爲江南重鎮。

【地理】

周庄四面環水，鎮內的水道呈井字形排列，兩岸民居密布，其中八成是明清時期的建築，河道上共有元明清的古橋樑14座，其中的富安橋是大陸僅存帶有橋樓的古橋。著名食物包括萬三蹄、萬三糕、莼筧等。

由於位居上海市郊的淀山湖西岸，地理上接近繁華的上海，周庄

目前是江南水鄉中，最爲知名也是人氣最旺的小鎮。每逢週末假日，小鎮的街道上，擠滿人潮，就以從蘇州來的旅遊專線車而言，時常都會買不到票。

許多遊客在遊周庄時，喜歡搭乘小船體驗水鄉風情，但是在遊客多時很不容易租到船。

1.周庄街景／2.周庄南湖秋月園內奇石／3.周庄雙橋／4.跳秧歌舞的婦女／5.舞龍的場面／6.路旁修補漁網的婦女／7.周庄狹窄的街道／8.水鄉婚典船／9.搭乘小船體驗水鄉風情

1

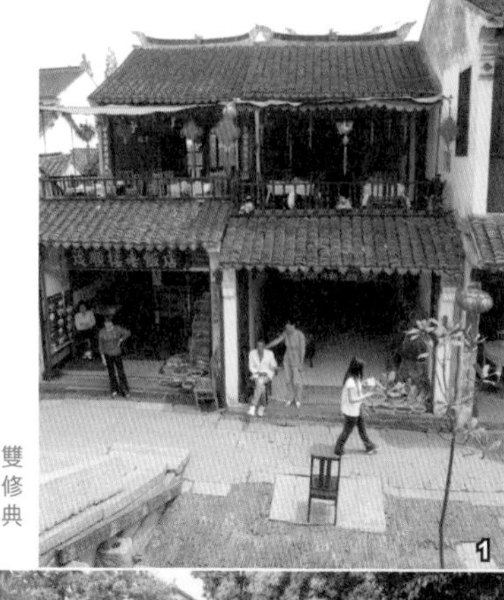

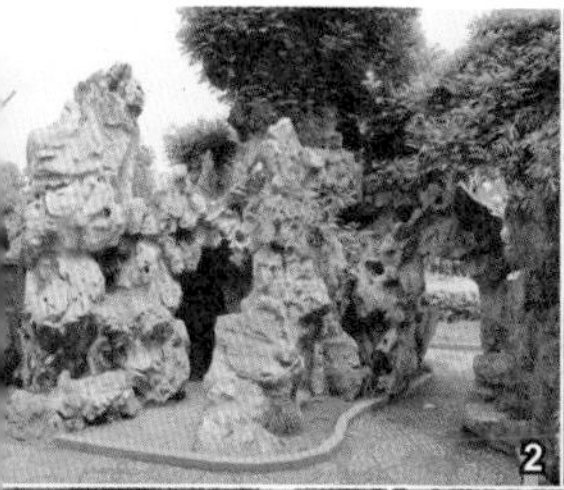

2

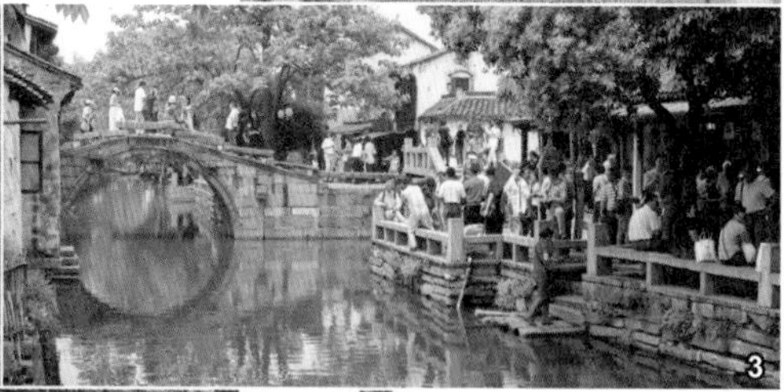

3

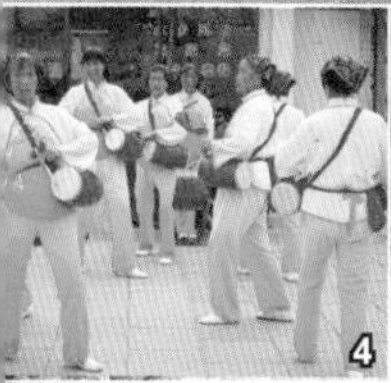

4

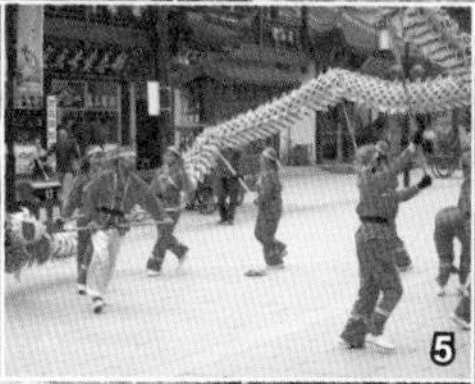

5

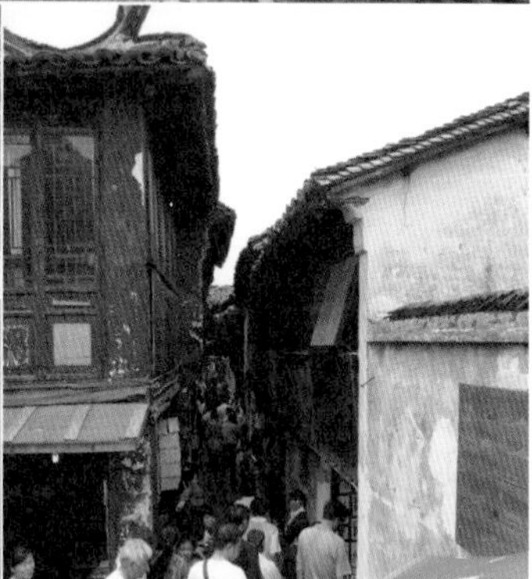

7

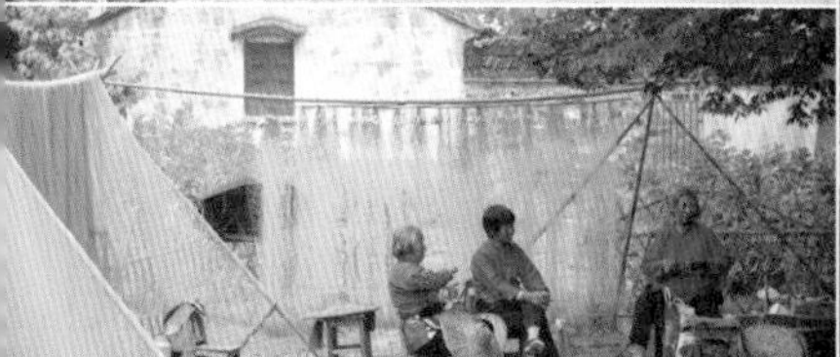

6

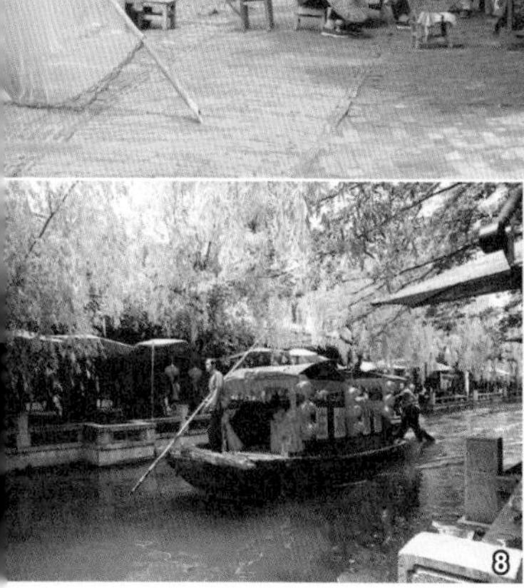

8

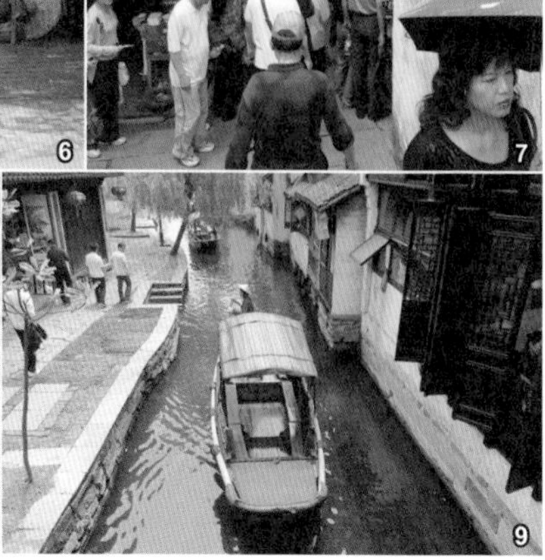

9

周庄

雙橋

雙橋又稱鑰匙橋，相傳建於明朝萬曆年間，由橋洞爲圓形的世德橋，與橋洞爲方形的永安橋所組成，兩橋呈90度相連接，而成爲特殊的景觀。

1980年代時，大陸畫家陳逸飛以雙橋景致，創作油畫《故鄉的回憶》，後來由美國石油鉅子哈默購得後，轉送給中共領導人鄧小平，而傳爲佳話，當時沒沒無聞的周庄，也一躍成爲著名的旅遊勝地。

周庄

四季周庄

☎ (0512)5720-5622

$ 普通席150元、貴賓席280元；周庄古鎮與四季周庄聯票250元

自從桂林的「印象劉三姊」實景演出節目暴紅以來，大陸各地就有許多融合地方實景的演出節目，「四季周庄」實景秀就是2007年9月推出的類似表演，演出地點在周庄的江南人家水上舞台，每天19:00開始表演，共有3個章節，分別是水韻周庄、四季周庄與民俗周庄，表演時間爲1個小時，爲留宿在周庄的遊客，提供多一項夜間娛樂。

周庄

周庄遊船

周庄是著名的江南水鄉，鎮上河道縱橫，搭乘小船以舟代車，四處遊逛是很愜意的事。目前周庄共有三種遊船行程，路線各不相同。

- **古鎮水巷遊：**是以手搖小船穿梭在井字型的河道上，遊船票價80元，約20分鐘。
- **萬三休閒水上遊：**也是使用手搖小船，但是時間較久，單程約需1.5小時，行程包括雙橋、銀子濱、萬三園、富貴橋、田園風光帶、天富博物館與沈萬三故居，遊船票價單程150元，來回180元，船上還提供品茗。
- **環鎮水上遊：**從南湖碼頭搭乘動力船隻，經過白蜆湖、東垞港，再回到南湖碼頭，環繞周庄古鎮一周，每人40元，約60分鐘。

環鎮水上遊船

周庄

南湖園全福寺

南湖位於周庄的南邊，也被稱爲南白蕩，古代「南湖秋月」曾經是周庄八景之一。目前在湖岸建有南湖園一座，經過一座小橋報恩橋，可以連接周庄最大的寺廟全福講寺。全福寺依水而建，外表黃牆、紅柱、黑瓦，氣派莊嚴。全福寺旁有一座造型優美的石橋稱爲「全福大橋」，通過石橋就會抵達昆山文化創意產業園區。

南湖秋月園全福寺

全福講寺

南湖秋月園一景，湖中即為南湖大橋

周庄

蜆江漁唱館

這一處小小的博物館，位於福洪橋附近，是以展出江南漁民打魚生活，與水上生活爲主題。由於位置比較偏僻，一般遊客比較少到，但是頗富有特色。

周庄

周庄博物館

展出周庄附近發掘出土的考古文物與當地工藝品的博物館。這裡發現的文物稱爲良渚文化，挖掘地點是太師淀，國寶級文物包括黑皮雙耳陶罐等。

周庄

周庄古戲台

周庄古戲台位於北市街上，每天09:45開始有崑曲的現場表演。崑曲是中國最古老的劇種之一，發源於元末明初的的江蘇省昆山一帶。在2001年時曾由聯合國教科文組織授予人類口述與非物質文化遺產。

周庄

周庄怪樓

怪樓是周庄古鎭內，唯一要另外收費的景點，門票20元，位置在青龍橋附近。這裡原來是民國初年建造的顧宅，後來改裝成怪樓吸引遊客。裡面有變身小屋、橫廳、倒廳、幻聽閣等奇妙的房間。

周庄

沈廳

在清乾隆7年(西元1742年)建造的沈廳原名敬業堂，後改名松茂堂，是周庄聞人沈萬三的後人所建。

沈廳是七進式結構，共有房間一百多間，門樓5座，整體建築是前廳後堂的格局，現可參觀正廳、花廳、走馬樓、大小堂樓、廚房等，廳內還有沈萬三的塑像。

周庄

張廳

「橋從前門進，船從家中過」的張廳，是周庄最有趣的建築。

張廳位於北市街，相傳是明中山王徐達胞弟徐逵的後裔，於明朝正統年間所建，後來在清代時賣給了張氏家族，於是俗稱爲張廳，其實本名是玉燕堂。

張廳建築最特別的一點，是在大廳之後，有一條小河箸溼，沿著牆角的走廊流過，由於這一段小河是在張廳的產業範圍內，所以在大廳後面就開闢了一處一丈見方的水塘，可以停泊小船。因此在古代，張家人只要在家裡上船，就可以沿著小河，接通五湖四海，非常便利，是江南水鄉小鎮的一大特色。

周庄

澄虛道院

澄虛道院位於中市街與蜆園弄交口處，是一座道教寺院，俗稱聖堂。道院的主殿玉皇閣，始建於宋代，是一處歷史悠久的建築，殿內供奉斗姆元君，香火鼎盛。

周庄

迷樓

迷樓位於中市街貞豐橋畔，原是一處酒樓，稱爲德記酒店。民國8年，由於國事紛飛，國父孫中山的秘書陳去病，與友人王大覺、費公直、柳亞子等，曾多次在這裡聚會，議論時政、暢談革命。

當時店主女兒也在場服侍酒水，因此有「樓不迷人人自迷」的說法，後有「迷樓集」發行於市，這裡也改稱迷樓，現在在2樓當時4人聚會的地點，還塑有4尊蠟像供人參觀。

周庄

三毛茶樓

台灣著名的旅遊作家三毛，曾經在1989年到周庄參觀，後來店主因爲慕名，便追隨三毛的足跡，寫下「三毛在周庄」的文章發表，兩人開始書信往返。三毛曾表示希望再遊周庄，惜因後來自殺而無法如願。

依水而建的三毛茶館開設於1994年，內部收藏有三毛的照片與書籍，並有當地著名的阿婆茶、茴香豆等供應，目前也成爲一處觀光景點。

周庄

葉楚傖故居

葉楚傖故居位於西灣街，是國民黨元老葉楚傖的舊宅，共有四進，現存正廳、堂樓、轎門、書房等。

周庄

周庄棋苑

周庄棋苑是中國體育博物館為推廣中國象棋藝術，所開放的展覽設施，內部有琳琅滿目、各式各樣的象棋造型，其中最特別的是一處比正常象棋大50倍的棋局，是一般遊客參觀的重點。

周庄

台灣老街

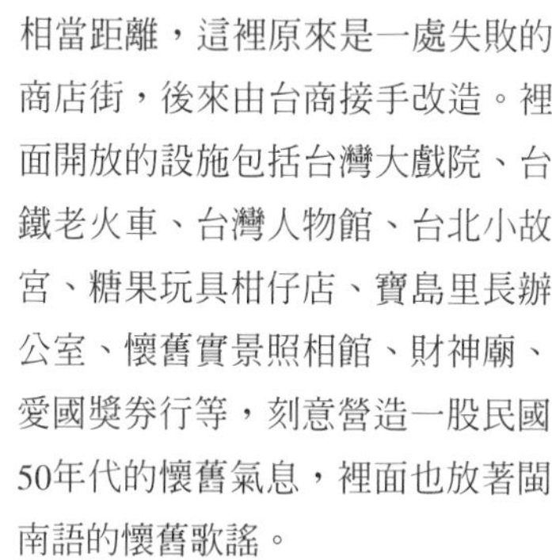

- 昆山周庄雲海路(隔周庄大橋與周庄古鎮相對)
- (0512)5738-5894
- 14:00～2:00
- 免費
- 從周庄車站或古鎮搭乘三輪車或計程車前往，從周庄古鎮徒步約15～20分鐘

周庄的台灣老街，是由台商集資上億人民幣，在周庄古鎮對面開發的大型懷舊園區，原先規劃的園區面積共約200畝，總共計劃興建台灣老街、台灣演藝館、人工河街等主題區，其中的台灣老街於2009年底開始營運。

這座園區所在的位置與人氣極旺的古鎮區，隔著一條周庄大橋，稱為愛渡風情小鎮。由於距離古鎮有相當距離，這裡原來是一處失敗的商店街，後來由台商接手改造。裡面開放的設施包括台灣大戲院、台鐵老火車、台灣人物館、台北小故宮、糖果玩具柑仔店、寶島里長辦公室、懷舊實景照相館、財神廟、愛國獎券行等，刻意營造一股民國50年代的懷舊氣息，裡面也放著閩南語的懷舊歌謠。

台灣老街寶島里辦公室

在主要建築「台灣大戲院」裡面的牆壁上，還有一些早期國台語電影的海報，內部則是放上當時常用的長板凳，也以投影方式實際放映一些老片。在日式風格的木頭房子里長辦公室內，則是早年台灣家庭裡的典型布置，外面還有「我要說國語不說方言」的標語掛牌。此外柑仔店內也有一些早期的台灣童玩與柑仔糖，但是只能看不能買。最奇特的是還有複製電視2100全民開

1.2100模擬攝影棚／2.蔣毛滑稽造像／3.戰地展示／4.台灣大戲院／5.財神廟／6.懷舊雜貨店／7.阿里山小火車

講的攝影場景。

台灣老街據說是借鏡台北車站附近「台灣故事館」的開發經驗，並且把台灣故事館室內的空間，放大到這裡數倍大的露天場地，企圖心令人可敬。問題是台灣故事館本身是一項失敗的投資案，台灣老街要在共產黨統治的地方開設，許多眞正的政治懷舊氣氛，例如「消滅萬惡共匪、解救大陸同胞」、「反共抗俄」與「擁護偉大領袖」等當年常見的標語，在這裡都看不到。取而代之的，則是司令台上蔣介石與毛澤東握手言和的滑稽卡通造像，還有2004年連宋搭檔競選的宣傳招牌，與懷舊主題並不相符。

由於招商不順利，大陸遊客對於這種主題缺乏認同感，再加上一座眞正的古鎭就在附近，因此遊客不多，也讓原先規劃的一些台灣美食，如魯肉飯、彰化肉圓、新竹米粉、台南擔仔麵等都吃不到。

由於周庄古鎭內已經有不少吃喝玩樂的地方，如果來到周庄還有時間，可以前來這裡看看，但是必須先確定是否還開放。

同里

小河穿市過，人家盡枕河

http www.tongli.net
蘇州古城南方25公里
(0512)6333-1140
08:00～17:00
古鎮聯票100元
人氣名物：芡實、麥芽塌餅和閨餅
自蘇州汽車南站、吳中區汽車站或蘇州火車站搭乘巴士
MAP P.45

同里是江蘇省唯一全鎮都列入文物保護的古鎮，自古以來名人輩出。小鎮中共有15條河流將地表分割成7塊島嶼，鎮內共有49座橋樑，是一處名副其實的水鄉澤國，鎮內的退思園(相關介紹見P.56)是江南名園之一，現在已列入聯合國「世界文化遺產名錄」中。

【地理】

同里的明清遺留建築很多，有「明清建築博物館」的美譽。同里的特產以芡實(或稱雞頭米，相關介紹見P.38)最為特別，這種穀類吃起來口感有點像是玉米，一般是作成甜湯來食用，此外，麥芽塌餅和閨餅(又稱退思餅)，也很有名。

小鎮中的太平橋、吉利橋和長慶橋，這三座橋樑相距不遠，名稱又吉祥，當地人每逢結婚喜慶，都有「走三橋」的習俗，一邊敲鑼打鼓放鞭炮，一邊走過這三座橋樑，以取得好彩頭，目前鎮上也時常有走三橋的表演。此外，鎮門口整建的「明清街」是熱門的購物地點，休假日時常人滿為患。

同里

退思園

退思園的名字是取自《左傳》中「進思盡忠，退思補過」的成語。這座清朝著名的庭園，是由本地人任蘭生投資白銀10萬兩、花費2年時間所興建，全園完成於光緒13年(西元1887年)，但是任蘭生在園落成之前，就被朝廷調往安徽，並沒有親身遊覽過這座園林。

退思園占地約10畝，是由同里人

袁龍所設計。整座庭園的設計是以水池為中心，其他的亭台樓閣、廳堂橋廊都是圍繞著水而建，所以有「貼水園」之稱。

全園分為外宅、內宅、庭園等，主要建築包括作為園主生活起居的畹薌樓、主廳退思草堂、客廳蔭餘堂、坐春望月樓、攬勝閣、歲寒居、九曲迴廊、石舫、菰雨生涼軒、水香榭、天橋樓廊、桂花廳等。

同里

嘉蔭堂

嘉蔭堂在崇本堂對面，兩者隔水相望。嘉蔭堂又稱為柳宅，是一座四進式的建築，主要結構包括門廳、主廳、內宅與水秀閣，主廳的棹木上，有三國演義透雕。

同里

崇本堂

崇本堂位於三橋之一的長慶橋邊，是座五進式的建築，興建於清末民初。崇本堂的結構包括門廳、前樓、正廳、後樓與下房。其中的門廳現在被布置成喜慶民俗陳列館，包括有婚禮廳與福壽廳等。

崇本堂的木雕頗為聞名，其中門窗上的雕刻主題是西廂記與紅樓夢，是難得一見的木雕佳構。

同里

歷史文物陳列館

同里歷史文物陳列館原為中國民主促進會創始人王紹鏊的故居留耕堂，建築占地十餘畝，目前陳列同里的名人資料，和同里的風土民情展示。

同里

世德堂

世德堂的命名，是取祖輩德行，代代相承的意思。這座五進式的建築，占地1,300平方公尺，興建於清道光年間，是本鄉人曹氏舊居。

曹家曾在清末開設隆醬園，經營官鹽、醬油與酒的販賣，頗為知名。目前的建築是由鎮政府於1996年所整修，包括有店堂、作坊、客廳、正廳、書房、繡樓等，目前在2樓還展有中國棉絮畫。

甪直

水網織成舟世界，岸橋砌就石家鄉

www.luzhi.com.cn
(0512)6501-0644
平日08:00～17:00；假日07:30～17:30
景區門票78元
自蘇州北站搭518路公車；自汽車南站搭52路公車；自葑門站搭18號公車
MAP P.45

甪直自古有6條河流匯流於此，所以稱爲「六直」，因爲口音的關係，六直聽起來像是「甪直」(甪發音爲路)，變成了現在的地名。

甪直位於吳松江畔，鄰近以產大閘蟹聞名的陽澄湖，古稱吳宮莠，距今已經有兩千多年歷史，是江蘇省首批開放的四個歷史古鎮之一。小鎮中，小橋流水隨處可見，以前稱全鎮有「72座半橋」，大部分建於清朝，目前尚餘四十餘座，著名作家費孝通曾經稱譽甪直爲「神州水鄉第一鎮」。

甪直

保聖寺

保聖寺始建於南北朝中的梁天監2年(西元503年)，是江南有名的千年古刹。該寺的全盛時期是在北宋期間，當時有殿宇五千間，僧眾上千人。明朝成化年間曾經重修過，列名當時江南四大寺院之一。

原寺廟建築在民國初年崩塌，目前建築為近年所重修。寺內現有山門、聽松軒、天王殿、經幢、鐵鐘等。

寺內的古物館是在原來大雄寶殿的廢址上所建造，其內的唐朝羅漢壁塑，相傳是由唐朝的塑像聖手楊惠之所造，現存九尊，筋骨札現、神態逼真，是中國的古典藝術國寶，1961年時被大陸列為全國重點文物保護單位。

葉聖陶墓園

當地婦女穿著水鄉服飾進行表演

保聖寺的草地上，時常有當地婦女穿著水鄉服飾進行表演。草地之西，有唐朝著名的隱士陸龜盟(甫里先生)的衣冠塚，現存清風亭與斗鴨池。

保聖寺內還有原吳縣第五高等小學校，民初作家葉聖陶曾經在此任教，現闢為葉聖陶紀念館，館外還有葉聖陶墓園。

甫里先生的衣冠塚　　保聖寺

用直

蕭冰黎宅

蕭冰黎宅位於中市上塘街，又稱爲蕭芳芳紀念館。蕭宅是清代建築，分爲五進，分別是門樓、茶廳、樓廳、廂樓與飯廳，建築雕飾精巧。

蕭家原來是甪直的富有人家，蕭冰黎就是蕭芳芳的祖父，但是蕭芳芳的父親因病早逝。大陸解放後，蕭芳芳母女逃到香港，生活無繼便開始從事勞力工作，後來蕭芳芳投身演藝事業，成爲知名的電影明星。目前沈家故宅內，闢有蕭芳芳演藝館，展出蕭芳芳各個演藝時期的照片。

蕭冰黎宅

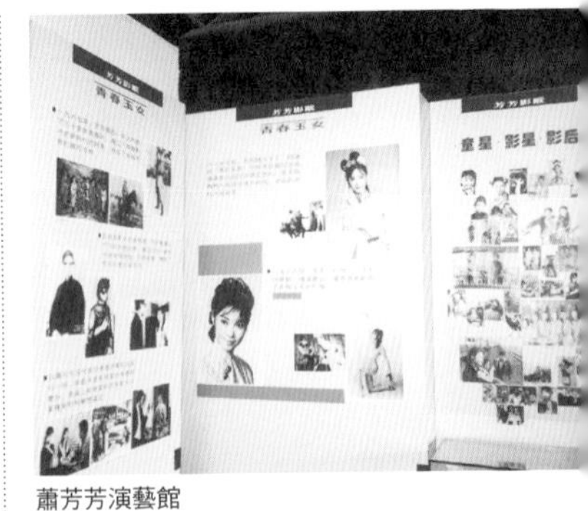

蕭芳芳演藝館

用直

萬盛米庄

萬盛米庄位於南市下塘街上，它的名字曾經出現在葉聖陶的小說《多收了三五斗》中，因而知名。米庄現仍維持原來店鋪模樣，店鋪後面的石板院落裡，放置有磅秤和稻穀加工的各式工具，院後有大廳耒耜堂。

用直

王濤紀念館

王濤是甪直人，生於清道光8年(西元1828年)，為近代重要思想家。他曾在旅居上海期間，上書太平天國獻策，後來受到清廷的通緝，他以「聖朝之棄物，盛世之罪人」身分，流亡國外長達23年。

王濤曾經用英文翻譯中國的四書五經，也曾經遊歷歐洲，因此眼界大開，思想激變。1874年王濤在香港創辦《循環日報》，積極介紹西方文化，鼓吹變法圖強，他的言論對於當時的洋務運動、維新變法和立憲運動都產生重大的影響。林語堂便曾經稱譽王濤是「中國新聞報紙之父」。

蘅花館

1884年王濤受到李鴻章的特赦回到上海，後來康有為、國父都曾前往請益。

王濤紀念館是由王濤故居改建而來，其中主廳為蘅花館，後有花園，館內陳列王濤生平重要事蹟。

用直

沈柏寒宅

沈柏寒宅位於上塘街，是一座清代五進式的住宅，有主廳「樂善堂」、便廳、儀仗廳、帶廂樓廳等，沈宅的廚房別具一格，遊客可以一窺晚清富有人家的生活情形。

木瀆

清虹橋影出，秋雁櫓聲來

http www.mudu.com.cn　☎(0512)6651-4042　🕒08:00～17:00

$ 古鎮聯票60元，包括嚴家花園、古松園、榜眼府第與虹飲山房，此外各景點門票亦可分別購買

➡ 自蘇州火車站搭乘游4路、64路公車，另於市區其他地方502路、38路、63路、65路、69路、58路、312路、511路、505路、506路、2路、326路、512路公車也可以抵達，或搭乘地鐵1號線

MAP P.44

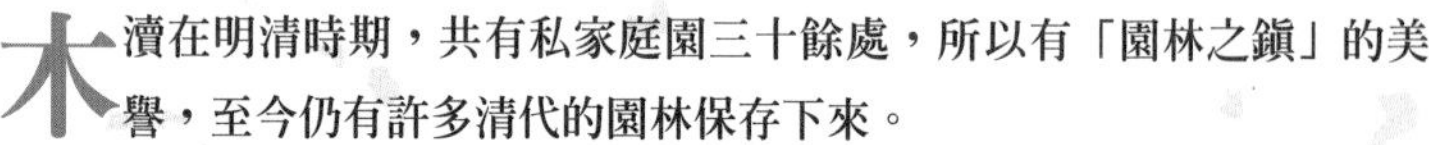

木瀆在明清時期，共有私家庭園三十餘處，所以有「園林之鎮」的美譽，至今仍有許多清代的園林保存下來。

【歷史】

木瀆小鎮自歷史上出現至今，已經有兩千多年的歷史。木瀆得名的由來，是因為春秋時代，吳王夫差為了建館娃宮、姑蘇台，在鄰近地區大肆採伐林木，木材聚積在這裡的水道上，「積木塞瀆」因而得名。

知識充電站

木瀆人才輩出

歷史上木瀆人才輩出，其中我國前總統嚴家淦就是出生於木瀆，小學時還就讀於木瀆國小。政府遷台後，嚴家淦曾任財政部長、行政院長與副總統，民國64年先總統蔣公去世後，接任總統。

【地理】

由於位居太湖之畔，又鄰近太湖中的東山與西山風景區，所以木瀆很自然地成為遊湖入山的跳板。

木瀆的兩條主要水道，分別是胥江與香溪。其中胥江全長230公里，由春秋時代的伍子胥所開鑿，是一條非常古老的運河。

香溪又稱山塘河，據說古代的美女西施曾經在這裡沐浴，洗後留脂不退，滿河生香，因而得名。沿著山塘河兩岸的山塘街，是木瀆的老街，也是主要觀光景點聚集的地方。

木櫝

嚴家花園

嚴家花園的前身是清朝乾隆年間，蘇州名士與詩選家沈德錢所建的「靈岩山居」。清光緒28年(西元1902年)，木瀆的首富嚴國馨(嚴家淦祖父)購下此園邸，重新修砌，改稱羨園，一般俗稱嚴家花園。

嚴家花園占地16畝，中間是住宅群，三面是庭園，分爲春夏秋冬四景。庭院中有一顆玉蘭樹，相傳是乾隆皇帝所種植。楠木大廳「尚賢堂」是明代建築，古典寬敞。

木櫝

古松園

古松園是清代木瀆的大富蔡少漁所建，因園中有一棵高10公尺，至今已超過500年歷史的明代羅漢松而得名。古松園布局精湛、保存良好，園中的雙層長廊，結構緊湊。

園中的磚雕與木雕，雕工精緻，大廳「古松堂」的方椽上雕有8座琵琶，比喻「八音聯歡」，是江南園林中，少見的設計。此外，園中鳳凰樓中雕有花籃與鳳凰，是東山雕花樓的前期作品。

木櫝

榜眼府第

位於下塘街的榜眼府第，是清道光20年(1840年)進士科舉第二名馮桂芬的舊宅，所以被稱爲榜眼府第。馮桂芬是名臣林則徐的弟子，也是有名的政論家。

馮桂芬舊宅座北朝南，面對胥江，結構上前宅後園，是典型的清代江南園林建築風格，總共占地10畝。前宅存有門樓、大廳、樓廳、花籃廳與書樓，以磚雕、石雕和木雕出名，後園以水池爲中心，有涼亭、水榭和黃石假山圍繞。

木櫝

明月寺

位於山塘街嚴家花園與古松園之間的明月寺，是一座具有千年歷史的古剎。明月寺始建於後唐清泰2年(935年)，是一座佛教寺院，清代詩人李果有詩一首「梨花明月寺，芳草牧年庵」，歌詠此寺。

東山

半島上風光明媚，民風純樸

✉ 蘇州古城西南方40公里
$ 聯票60元
➡ 自蘇州火車站搭乘502路公車，或自吳中區汽車站，或木瀆搭乘中型巴士，至東山站下車
MAP P.44

東山風景區位於太湖的東南邊，占地約84平方公里，地理上是一個濱湖的半島。東山半島上丘陵起伏，其中主峰莫厘峰，又稱大尖頂，標高290公尺。半島上風光明媚，民風純樸，是一個還沒有受到大眾旅遊文化污染的地方，這裡參觀景點的門票無須分別購買，可一票到底。

東山

啟園

(0512)6628-1236
07:30～17:00

啓園位於東山鎮翁巷村北，緊鄰太湖濱，是東山人席啓蓀於民國22年所建，又稱席家花園。園中的柳毅井、古楊梅樹與康熙御碼頭是園中三寶。啓園由於位居鄉野，面積廣闊，所以是所有蘇州園林中，面積最寬敞的一座。園中有曉澹亭、融春堂、鏡湖樓、環翠橋、挹波橋等景，沿著太湖還有一座長堤。

東山

軒轅宮

08:00～17:00

軒轅宮位於楊灣村，又俗稱陽灣廟。軒轅宮原名胥王廟，原意是爲了祭祀伍子胥。始建於唐貞觀2年(西元628年)，元朝至元4年(西元1388年)重建，民國時期改殿名爲軒轅宮，是江蘇地區至今保存完好元代建築中的珍品。現存有正殿、軒轅亭、城隍廟、湯文正公祠等，正殿供奉有黃帝軒轅像。

軒轅宮內另有明代墓葬石刻陰亭、著名畫家文徵明的《洞庭東西兩山圖》和王鏊著作《洞庭西山賦》磚刻，被視爲藝術瑰寶。

東山

雕花樓

(0512)6628-1001
07:30～17:00

雕花樓原名春在樓，位於東山鎮上，建築落成於民國13年，是一座現代的仿古建築，占地約5,500平方公尺，樓名是取「向陽門第春長在」之意。因爲整棟建築的磚雕、石雕、金雕、木雕、彩繪與泥塑的工藝超群，細膩非常，所以被稱爲雕花大樓。

整棟建築是傳統四合院的形式，有門樓、前樓、中樓、後樓、廂樓等，此外還附有小花園，人稱「袖珍園林」，樓內一部分也作爲旅館使用。

東山

紫金庵

(0512)6628-1126
08:00～17:00

「紫金庵外雨蕭蕭，萬頃煙波萬頃濤。羅漢猙獰神欲活，紅綢泥傘任風飄。」東山紫金庵位於西卯塢，最早創建於南北朝的梁陳時期，後來傾廢，唐朝貞元年間復建，至今已有1,400多年歷史。

目前尚存大殿、白雲居、晴川軒、聽松堂等建築。大殿中的3尊大佛，型態古樸，是同類塑像中所少見。

大殿兩壁共有16尊泥塑彩繪羅漢像，相傳是南宋民間雕塑名師雷潮夫婦的作品，表情生動、服飾鮮明細緻。後壁有鰲魚觀音像，神情安詳莊嚴，有唐代雕塑「吳帶當風」的色彩。

觀音像上方有華蓋，與庵中的慧眼、經蓋，被列紫金庵內的三寶。後人稱這裡的泥塑彩繪羅漢，是「天下二堂半」中的一堂，可見它的重要性。

西山

位於太湖之中，是湖中第一大島

- 位於東山風景區西方4公里
- (0512)6627-1164
- 梅園與林屋洞50元、石公山50元
- 1.自蘇州火車站搭乘91路公車，到西山下車
  2.自吳中區汽車南站搭乘58路公車
- MAP P.44

西山位於太湖之中，是湖中第一大島，面積240平方公里。西山又名包山，主要是因為四面為水包覆的意思，曾被譽為「吳中桃園」。這裡原來出入都需要靠船隻，1992年開始興建太湖大橋，將西山島與岸邊連接起來，全長4,300公尺，北起漁陽山麓，跨越長沙、葉山2座小島，全橋於1994年完工。太湖大橋完工後，西山出入大為便利，成為蘇州西方重要的風景區。

旅行小抄

和東山不同，西山旅遊景點的門票要分別購買，沒有全區的聯票。

西山

古樟園

- 08:00～17:00

古樟園位於后堡村，是進入西山風景區內的第一站，故有「西山第一景」的稱號。

全園占地十餘畝，這裡原名觀音廟或城隍廟，現名古樟園，主要是園內有兩株歷史悠久的香樟。這兩

株罕見的樟樹，一株傳說是宋代所植，另一株則是元代，年紀都約有千歲，枝幹茂盛，樹蔭數畝。

在兩株樟樹附近，建有慈航寺、願如齋、獨悟亭等，寺後更植有梅樹，暮冬時節望去只見一片梅海飄動。

西山

梅園與林屋洞

08:00～17:00

林屋梅園是大陸最大的賞梅勝地，每年農曆年前後，特別是正月15～20日間，是梅花的盛開季節，登高望遠可以看到一望無際的白色花海，梅花隨風翻動的景象甚爲壯觀，是江南賞梅最佳的地點。

林屋洞是位於林屋山下的石灰岩溶洞，林屋山位於鎮夏村，又名洞山。林屋洞的名號是由唐朝的張平陽所取，原因是洞內立石成林，山頂頂平如屋的緣故。

知識充電站

天下第九洞

林屋洞是中國道教的一大聖地，相傳是道教10大洞天中的第九位，所以被稱為第九洞天。洞內石柱、石筍、石塹、象形石林立，林屋洞有「林」、「平」、「古」、「水」4大特色，內部共有雨洞、隔凡洞、丙洞、暘谷洞、臥龍洞等，其中暘谷洞的外壁還有摩崖石刻。林屋山的山頂有一處駕浮閣，是一座八角形的樓閣式建築，登頂可以欣賞到梅園中的梅海。

西山

石公山

08:00～17:00

石公山位於西山島的東南端，占地約7萬平方公尺，地理上是一處三面環水的半島，石公山以山前有怪石形似老翁而得名。山上石多土少，現存遺跡有映月廊、歸雲洞、夕光洞、一線天、雲梯、明月波等。石公山因爲占地較大，需要花費約2個小時，才能遊完。

煙景水都：蘇州導覽

Sightseeing 觀光景點

清風明月本無價，近水遠山皆有情

蘇州素有「江南庭園甲天下，蘇州庭園甲江南」的美譽，人工雕鑿的中國式庭園景觀，是蘇州旅遊的一大特色。此外，溝渠縱橫的水鄉景致，與緊鄰太湖的豐富水產，讓蘇州成為富庶的魚米之鄉。由於緊鄰上海，當地政府近幾年極力在蘇州推展高科技產業，已經吸引了包括台灣、新加坡等地的高科技業者，紛紛前往設廠。

歷史演進

蘇州古城的歷史悠久，在西元前514年時，吳王闔閭令伍子胥建城，全城城牆長達47里，共有8座包括盤門在內的城門，這就是蘇州建城的開始。此後蘇州城屢興屢廢，但是兩千多年來，古城的城址都沒有改變，是一項難得一見的紀錄。

蘇州水利開始於戰國時代的楚國統治時期，當時楚國的春申君黃歇，開鑿運河引吳淞江入海，是上海與蘇州水利的開端。隋文帝開皇9年(西元589年)將吳郡改稱爲蘇州，這是蘇州第一次在歷史上出現，並沿用至今。

地理位置

蘇州位於太湖平原上，地理上北鄰長江，東接上海，南部與浙江省接壤，西部則與碧波萬頃的太湖與無錫相接，現在是江蘇省的省轄市之一。

全市目前面積爲8,488平方公里，其中蘇州古城面積14.2平方公里；全市共轄滄浪、平江、金閶、相城、吳中、虎丘、新區與工業區8區，此外另管轄吳江、昆山、常熟、太倉與張家港5個縣級市。

氣候變化

蘇州屬於東亞季風型氣候，氣候溫暖潮濕，四季分明。

春天氣候溫和，花木盛開，是「桃紅柳綠」的季節；夏天炎熱多雨；秋天天高氣爽，又是螃蟹的盛產期，最適合旅遊品蟹；冬天則乾燥寒冷，有時候會下雪，但是結冰期間不長。

蘇州街道地圖

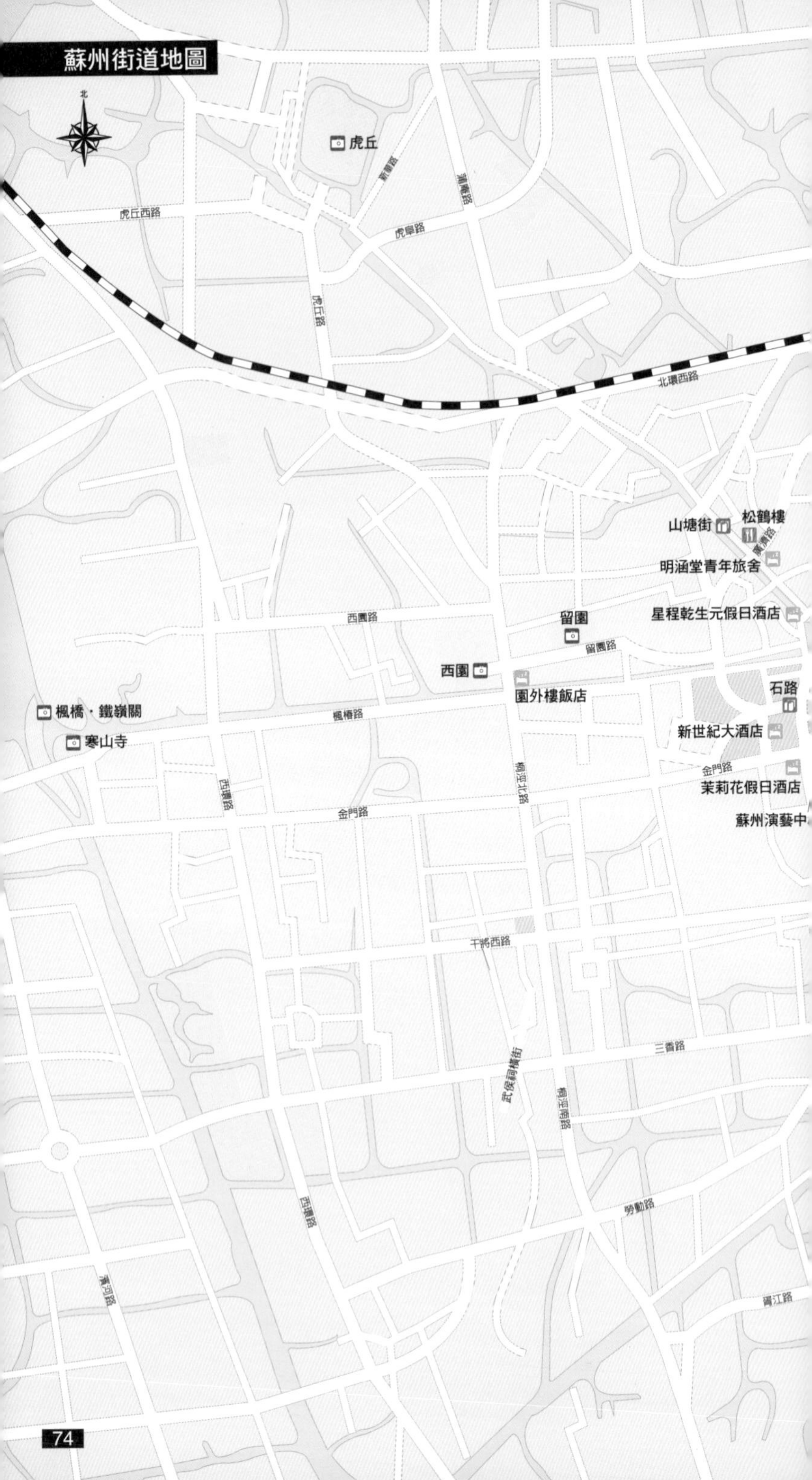
北
虎丘
新塘路
浦備路
虎丘西路
虎阜路
虎丘路
北環西路
山塘街
松鶴樓
明涵堂青年旅舍
星程乾生元假日酒店
留園
西園路
留園路
西園
園外樓飯店
楓橋・鐵嶺關
寒山寺
楓橋路
石路
新世紀大酒店
金門路
茉莉花假日酒店
蘇州演藝中
西環路
金門路
干將西路
三香路
武侯祠橫街
勞動路
西環路
胥江路

觀前街
玄妙觀
黃天源糕糰店
采芝齋
得月樓
新大樓
朱鴻興
麵館
松鶴樓
綠楊餛飩
太監弄
得月樓
王四酒家
新聚豐菜館
好人民間小吃
永和豆漿
川福樓大酒店
往湖濱新天地、李公堤→
汽車北站
蘇州火車站
北寺塔
蘇州園林博物館
拙政園
蘇州博物館
絲綢博物館
獅子林
蘇州民俗博物館
平江路
玄妙觀
觀前街
王四酒家
環秀山莊
怡園
雙塔寺
蘇州古舊書店
鳳凰街
網師園
海航蘇州飯店
南園賓館
姑蘇飯店
碑刻博物館(文廟)
滄浪亭
竹輝賓館
吳宮泛太平洋酒店
盤門
吳宮喜來登酒店

江南名園
Gardens

【留園】

- http www.gardenly.com
- 蘇州市留園路338號
- (0512)6557-9466
- 08:00～17:00
- 旺季40元，淡季30元
- 搭乘游1、游3、游5、6、7、22、33、44、70、85、88、91、317路公車，在留園站下車
- MAP P.74

留園占地2公頃，是中國四大名園之一，最早是於明萬曆年間，由太僕寺少卿徐泰時所建，原名東園。

清朝乾隆59年時(西元1794年)，此園被吳縣人劉恕所購得，改名寒碧庄，或稱花步小築，俗稱劉園。同治12年時(西元1873年)湖北布政使盛康成爲此園的主人，因循劉園的諧音，而改名留園。盛康的兒子就是清末名臣盛宣懷，清末民初時繼續經營此園，但是對日抗戰期間，曾經受到破壞。

留園有「吳下名園之冠」的美譽，目前共分爲東、西、北、中4個景區，中區以山水取勝、東區以庭園見長、西區林木幽森、北區則陳列盆景。

留園庭園結構緊湊，又以花石著稱，有「不出城廓而獲山林之趣」的比喻。其中最有名的花石是「冠雲峰」，此石高6.5公尺，重達5噸，有「破、透、漏、瘦」四大特色，是中國現存最高的湖石，相傳是宋代貢品花石綱的遺物。

著名的建築包括五峰仙館、林泉耆碩之館、清風池館、佳晴喜雨快雪之亭等。留園在1961年列爲大陸全國重點文物保護單位，1997年列入聯合國「世界文化遺產名錄」。

【拙政園】

- www.szzzy.cn
- 蘇州市東北街178號
- (0512)6754-3378
- 08:00～17:00
- 旺季70元，淡季50元
- 搭乘公車游1、游2、游5、40、78、202、313、923、529路，在拙政園站下車
- P.75

拙政園占地約5公頃，是蘇州古城內占地最大的一座庭園，也是中國四大名園之一，1997年列入聯合國「世界文化遺產名錄」當中。

拙政園最早建於明正德4年(西元1509年)，園名是取晉代潘岳「閒居賦」中的「此亦拙者之爲政」的一段話，因爲園主人御史王獻臣，當時是被貶官回鄉。

拙政園完工後的數百年來，幾度興廢，到清朝咸豐10年(西元1860年)，太平天國的忠王李秀成攻入蘇州，拙政園併入當時忠王府的一部分，相傳園中三面環水的見山樓(取陶淵明詩「悠然見南山」的典故)，就是李秀成當時辦公的地方。

拙政園的園林結構，是以水爲中心，而且善用借景的巧妙心法，自中園的倚虹亭向西望去，就可以看到幾公里外的北寺塔，兩者渾然融爲一體。全園共可分爲東園、中園與西園三大部分，其中東園是1950年代所重修，比較沒有可看性。

西園最特別的是沿著圍牆修建的水廊，而中園以池水爲主，則是全園的精華所在。中園裡有可以看到借景的倚虹亭、李秀成辦公的見山樓、將水池一分爲二的廊橋——小飛虹、水榭「小滄浪」等。

園內其他著名的建築還包括蘭雪堂、浮翠閣、芙蓉榭、天泉亭、遠香堂、十八曼陀羅花館和三十六鴛鴦館等。此外，園內還存有一株紫藤，乃明朝江南四大公子之一的文徵明親植。

【網師園】

http www.szwsy.com
蘇州市闊家頭巷11號
(0512)6520-3514
08:00～17:00；夜花園開放時間：3月中旬至11月中旬19:30～22:00
旺季30元，淡季20元，夜花園100元
搭乘公車游2路、47路、55路、202路、204路、501路、511路、529路、931路到網師園站下車
MAP P.75

網師園最早建於南宋淳熙初年，當時的禮部侍郎史正志建萬卷堂，又稱漁隱。清朝乾隆年間，光祿寺少卿宋宗元購得此園，並加以重建，改稱網師小築。嘉慶年間瞿遠村再予重修，才成為目前的景況。

民國初年，北洋軍閥張作霖曾買下此園，著名的國畫大師張大千也曾寄居在此，並在園內多次寫生。1982年網師園納入大陸全國重點文物保護單位，1987年列入聯合國「世界文化遺產名錄」，據說美國紐約大都會博物館中的中式庭園「明軒」，便是以網師園的設計為範本。

網師園占地約0.6公頃，是住宅與園林合併的典型，其中住宅在東

邊，庭園在西邊。住宅部分包括有轎廳、大廳、樓廳、五峰書屋、梯雲室等；庭園以水池為中心，面對水池的涼亭稱為「月到風來亭」，是取韓愈詩中「晚色將秋至，長風送月來」的典故。其他還有殿春簃、鷹石、引靜橋、假山等圍繞；此外，大廳萬卷堂前的磚雕門樓，更被譽為「江南第一門樓」。

網師園除白天活動外，在3月中旬至11月中旬期間，還有夜花園的活動，讓遊客可以購買門票入內夜遊。門票包括欣賞各個廳堂內的評彈、崑曲、古箏等八個表演。

【獅子林】

- www.szszl.com
- 蘇州市園林路23號
- (0512)6777-3263
- 07:30～17:00
- 旺季30元，淡季20元
- 搭乘公車游1路、游2路、游5路、202路、923路、178路、301路、811路、55路、529路、309路、518路，在獅子林站下車
- MAP P.75

獅子林最早建於元至正2年(西元1342年)，是天如禪師為了紀念他的老師中峰禪師所建，是蘇州元代園林的代表作。

獅子林的名稱由來有兩種說法：一說是佛經中指佛祖講說佛法為「獅子吼」，而這裡又是佛教禪林，所以取名獅子林。另一說則是園林中的假山石峰，外形像獅子，所以稱為獅子林。

獅子林原稱獅子寺，創建之後，屢毀屢建，但是假山園林大致保持良好，滿清的康熙和乾隆皇帝曾幾次駕臨此地，乾隆皇帝還在承德的避暑山莊和北京的暢春園仿製此園，該園受喜愛的程度可見一斑。

獅子林占地16畝，分為祠堂、住

宅與花園3個部分，全園結構緊密，東南多山，西北多水，長廊圍繞，假山林立，好像走入迷宮之中。

在蘇州眾庭園當中，獅子林以奇石著稱，有「假山王國」的美譽，園中的湖石，有許多相傳是北宋時期花石綱貢品的遺物。傳說當年江南官吏，將形狀古怪的太湖石蒐羅集中在蘇州，準備用船運到首都汴京，但不久後因為金人南侵，徽欽二帝被擄走，這些湖石就被遺留在這裡，後來在建寺時用來裝飾庭園。

知識充電站

華裔建築師貝聿銘

民國6年，著名的華裔建築師貝聿銘的家族長輩貝仁元買下此園，傳說貝聿銘曾經在這裡度過童年歲月，目前園內還建有貝氏祠堂。除了假山之外，獅子林內著名的建築還包括燕譽堂、立雪堂、古五松園、飛瀑亭、問梅閣、指柏軒等。

【環秀山莊】

蘇州市景德路262號
(0512)6522-4723
08:00～17:00
15元
搭乘公車262路、69路、522路、313路、933路、64路，在環秀山莊站下車
MAP P.75

環秀山莊又名頤園，現在是屬於蘇州刺繡研究所所有，一般海外遊客可憑護照，台灣人可憑台胞證入內參觀。

環秀山莊原來是五代時，廣陵王錢元燎所建的金谷園，後來曾經作為書院，清嘉慶年間重修時，聘請著名的疊石造景專家戈裕良，設計出現在以假山為主的庭園景致。

一般蘇州庭園是以水池為主，假山只是襯托，但是占地約2千平方公尺的環秀山莊，卻反其道而行，「假山為主，以水池為輔」是此園最大的特色。

環秀山莊呈前廳後園的設計，庭園的假山位於東部，面積雖然不大，但是變化甚多，有山峰、深谷、曲逕、山洞等等。這裡因為主要是開放給境外遊客為主，所以可以避免一般蘇州庭園的擁擠，比較有清靜的環境可以參觀。

旅行小抄

環秀山莊的建築物內，有精緻的蘇繡藝術可以觀賞，其中絕大部分都可以購買，這裡蘇繡的工藝水準可能是全蘇州最高的，只是價格不菲。

西園

- 蘇州市虎丘路西園弄
- (0512)6533-4359
- 08:00～15:30
- 25元
- 搭乘公車游1、游3、游5、40、311、317、406、949路，在西園站下車
- MAP P.74

西園寺又名戒幢律寺，創建於元朝至元年間，原名歸元寺。

明朝萬曆年間改寺爲庭園，改稱西園，但是後來又轉園爲寺。崇禎年間還因爲此寺遵奉佛教的律宗，所以又改名戒幢律寺，是江南名寺之一。

寺內有大雄寶殿、四大天王殿、羅漢堂、觀音殿、藏經樓等，羅漢堂內有五百羅漢像、千手千眼觀音，羅漢堂外就是放生池，池內烏龜、魚、蝦多是信徒所放養。此外，寺內著名的雕刻還包括瘋僧立像與濟公像等。

【滄浪亭】

蘇州市滄浪亭街3號
(0512)6519-4375
08:00～17:00
旺季20元，淡季15元
搭乘公車游2、游4路，到滄浪亭站下車
MAP P.75

滄浪亭是蘇州歷史最悠久的園林，唐朝末年中吳軍節度使孫承祐在此建園，後又成爲五代吳越廣陵王錢元燎的池館。

北宋慶歷5年(西元1045年)，著名詩人蘇舜欽因爲罷官來到蘇州，買下此園加以重建。原名是取楚辭中「滄浪之水清兮，可以滌吾纓；滄浪之水濁兮，可以滌吾足」的典故。

蘇舜欽在此時曾做詩多首傳世，詠嘆這座庭園，並自號滄浪翁。其中滄浪亭詩一首如下：「一徑抱幽山，居然城市間，高軒面曲水，修竹慰悉野。跡與豺狼遠，心隨魚鳥閑，吾甘老此境，無暇事機關。」

滄浪亭占地約1公頃，建築包括滄浪亭、五百名賢祠、明道堂、藕花水榭、鋤月軒、御碑亭、看山樓等，現在是江蘇省文物保護單位。此園與蘇州其他庭園最大的不同，是把園外的葑溪之水引爲己用，不像其他的園林，將池水封閉在高牆之內，所以有未入園林，先見園景的巧妙。不過也由於亭台、水榭、複廊等依水而建，所以其實在門外，就已經看到滄浪亭的精華部分，買了票進到園裡，反而有內不如外的感覺。

知識充電站

滄浪亭在南宋時，曾為韓世忠所有，元明兩代曾經作為佛寺，清朝的康熙、道光與同治年間曾經重修，清代沈復的《浮生六記》中曾有記載，民國16年顏文樑在這裡創辦蘇州美術專科學校，又重修一次，目前園內還留有顏文樑紀念館一座。

【怡園】

蘇州市人民路1256號
(0512)6524-9317
08:00～17:00
45元，包括茶食與評彈
搭乘公車游4、1、8、32、38、101、102、112、502路，在怡園站下車
MAP P.75

怡園位於蘇州古城鬧區的人民路上，距離最熱鬧的觀前街(相關介紹見P.96)，只有咫尺之遙，附近還有第一百貨商店，很適合逛街時，順道來此一遊。

怡園建於清同治年間，當時邵寧道台顧文彬，購得前明禮部尚書吳寬復的官宅故址，加以擴建而成。命名由來是取論語中「朋友切切，兄弟怡怡」的典故，另一說是取「怡性養壽」的意思。

怡園占地約0.6公頃，其中模仿自滄浪亭的複廊(牆壁的兩邊都有迴廊)，將全園分爲東西兩部分。其中東部爲吳寬復故址，以庭院建築爲主，另有奇石雕刻，建築包括波仙琴館、玉延亭、留客處等；西部爲顧文彬所新建，以水池爲中心，陪襯有假山、花木、亭台樓閣，建築包括藕香榭、鎖綠軒等。

怡園由於在蘇州名園中，營造時間較晚，所以廣採各園之長，除了複廊的設計模仿滄浪亭之外，假山模仿環秀山莊，水池模仿網師園，畫舫則是取材自拙政園，可說是集各家之長，而有集錦園林之稱，目前是江蘇省的文物保護單位。

【寒山寺】

- 蘇州市寒山寺路24號
- (0512)6723-2891
- 08:00～17:00
- 20元
- 搭乘公車游3、33、44、301、307路到何山橋站下車，步行約5分鐘可到
- MAP P.74

唐朝詩人張繼的一首《楓橋夜泊》，讓蘇州古城外的楓橋與寒山寺，成了蘇州最著名的觀光區之一。這裡是海內外遊客到達蘇州之後，都會參訪的景點，尤其是日本遊客，都會排隊到寒山寺去撞一次鐘，體會一下夜半鐘聲的滋味。

寒山寺最早建於南北朝的梁代天監年間，原名是妙利普明禪院。唐朝貞觀年間，高僧寒山與拾得任此地住持，開始改稱寒山寺。寒山寺在歷史上，曾經幾度毀損，又幾度重建，最近的一次是在清末的光緒31年，重建鐘樓、重鑄鐵鐘。

寒山寺敲鐘情形

寒山寺鐘樓

寒山寺普明塔

寒山寺內建築包括大雄寶殿、藏經樓、普明塔與鐘樓等，其中鐘樓內懸有鐵製大鐘一座，每年的農曆除夕夜，會鳴鐘108響，不過在平常時日，一般遊客也可以付5元，登樓敲鐘，過一下癮。

【楓橋、鐵嶺關】

- 蘇州市寒山寺底楓橋灣邊
- 08:00～18:10
- 25元
- 搭乘公車游3、33、44、301、307路到何山橋站下車，步行約5分鐘可到
- MAP P.74

楓橋與鐵嶺關位於寒山寺之北，同爲寒山寺風景區的一部分，但是門票必須另外購買。楓橋是一座單孔圓拱橋，最早建於唐代，目前所見到的楓橋是清同治6年(西元1896年)所重修。

鐵嶺關位在楓橋邊上，建於明朝嘉靖36年(西元1557年)，當初是爲了抵禦倭寇所建。

鐵嶺關橫跨蘇州水陸要衝，形勢險要，目前是江蘇省的省級文物保護單位。

【蘇州演藝中心】

- 蘇州市金門路33號
- (0512)6885-0010、6885-0020
- 19:30開場
- 依表演節目而定，中華風情起價160元
- 搭乘公車406、502路到演藝中心站下車
- MAP P.74

蘇州廣播電視總台州演藝中心簡稱蘇州演藝中心，是蘇州市政府耗資4.5億人民幣建設的新穎表演場所，位在石路商業區附近。這座演藝中心的主要劇場可同時容納1,058人同時欣賞演出。

蘇州演藝中心開幕後，爲了提供旅遊蘇州的遊客一個夜間的活動，因此由蘇州廣播電視總台策劃了一齣一個半小時的大型歌舞秀「中華風情」，演出中有江南水鄉特有的評彈、崑曲、傣家歌舞等。這場演出的舞蹈、音樂、服裝、燈光與舞台設計，是由中國歌劇舞蹈劇院的團隊所負責，因此頗具水準。此外，演藝中心的舞台也提供租賃，供其他團體表演之用。

【盤門】

🖂 蘇州市東大街2號
(0512)6510-2745
08:00～17:30
$ 40元，聯票60元
➡ 搭乘游2、游5、7、39、701路公車到盤門站下車
MAP P.75

盤門是蘇州古城內，保存最完整的城牆遺跡。目前所見的城牆景觀是元朝至元11年時(西元1351年)所重建，元末張士誠盤據蘇州時增建甕城，構成完整的防禦體系。

盤門與一般城門比較，最特別的一點，是同時擁有水、陸兩座關隘，因為蘇州古城內水路縱橫，所以除了陸路之外，水路進出也需要管制。

目前盤門風景區內共有三大景觀，統稱為盤門三景，分別是盤門、瑞光寺塔與吳門橋。其中瑞光寺塔是蘇州最古老的佛塔，最早建於三國東吳赤烏10年(西元247年)，

1

2

因為北宋年間改建時，塔現祥光，所以稱為瑞光塔，是一座7層的寶塔式建築。吳門橋位於盤門的城門外，橫跨古運河之上，是蘇州最高的單拱石橋，橋建於清同治11年(西元1872年)，造型典雅，是蘇州西南古代的交通要道。

盤門瑞光寺塔

1.盤門 / **2.**庭園一景 / **3.**吳門橋 / **4.**五相祠 / **5.**小船遊河 / **6.**伍相祠地方折子戲(崑曲)表演

知識充電站

盤門原名蟠門，最早建於春秋時代吳王闔閭元年(西元前514年)，當時闔閭命令伍子胥督建蘇州城牆，牆上共有8座城門，盤門位於西南隅，因為門上雕有木刻蟠龍，故稱蟠門。另一說是因為這裡「水陸相伴，沿迴屈曲」，所以稱為盤門。

盤門城牆上景觀

旅行小抄

在盤門風景區內，可以乘坐小船遊河，對於無暇到蘇州附近的水鄉小鎮的遊客，這裡是另一個體會水鄉風情的地方。盤門的門票有點複雜，位於瑞光塔附近的北門，出售兩種價格，分別是只有參觀的門票25元與聯票50元。其他位於中門與南門的售票口，只出售聯票。購買聯票的套裝，除了入場券外，還包括到伍相祠欣賞地方崑曲折子戲「唐伯虎點秋香」、欣賞5分鐘的蘇州評彈與搭乘一段手搖船等。

盤門小船遊河景象

【虎丘】

蘇州市虎丘路北端
(0512)6531-3483
07:30～17:00
旺季60元，淡季40元
搭乘公車游1、游2、游3、146、316、949路到虎丘南大門站下車
MAP P.74

虎丘位於蘇州古城的西北方，原名海涌山，自古有「吳中第一名勝」的美譽。春秋時代吳王闔閭開始在此建行宮，死後葬於此地，後因有白虎盤據在墓前，所以稱此地爲虎丘。

虎丘最著名的建築物是虎丘塔，又名雲岩寺塔，塔高50公尺，最早建於後周顯德6年(西元959年)，是一座7層的八角磚造佛塔。虎丘塔因爲地質結構與當初奠基時的誤差，所以全塔傾斜約4度，是一座難得一見的斜塔，爲了避免此一古蹟倒塌，大陸有關部門正研究補強當中。

虎丘劍池的上方，有一座石橋架在上面，橋面上有2個圓洞，稱爲雙吊桶，供居住在上方的人汲水之用。虎丘景區內有名的景點還包括千人石、試劍石、眞娘墓、擁翠山莊等。

知識充電站

虎丘山前的山門——斷樑殿是一座元代建築，得名的原因是因為建築中的圓木大樑是從中斷開的，但是仍然屹立六百餘年。虎丘劍池的下方據傳是吳王闔閭的墓地，墓成後積水為池，吳王闔閭的兒子夫差，以寶劍三千把殉墓，所以稱為劍池，劍池內外有書法家顏真卿、米芾的等摩崖石刻。

【湖濱新天地與李公堤】

➡ 搭乘公車游4路、27、83、307路到湖濱新天地站下車

MAP P.75

蘇州古城爲維持原有的氣氛，對市區內的建築物有高度限制，但隨著城市的重心逐漸往東邊的工業園區發展，其中位於金雞湖畔的湖濱新天地與李公堤更是新興的餐飲與娛樂中心。

湖濱新天地位於金雞湖西岸，湖濱公園一旁，這裡距離古城區搭乘計程車不遠，又可以欣賞湖景，因此有許多KTV、酒吧與餐廳聚集，其中「音樂空間站」是一處明顯的地標。而從湖濱新天地一直往南走，到了金雞湖的南岸，則有一條長條型的堤防，稱爲李公堤，是許多蘇州高級餐廳的聚集地。湖濱新天地與李公堤由於位於高科技廠商集中的蘇州工業園區，因此吸引的是蘇州新興的白領階級與外國經理人，這裡的消費水準要比蘇州古城區要高昂許多，但是相對的硬體與服務水準也要高一些。

湖濱新天地現代雕塑

李公堤夜景

湖濱新天地

【雙塔寺】

✉ 蘇州市定慧寺巷22號
☎ (0512)6522-7778
🕒 08:00～18:00
$ 8元
➡ 搭乘公車游2、游5、40、55、89、202、204、309、501、529、811路到雙塔站下車
MAP P.75

雙塔最早建於北宋太平興國7年(西元982年)，這兩座高34公尺的佛塔，東塔稱舍利塔，西塔稱功德塔，兩者形制相同，都是7層8面的樓閣式磚造佛塔。蘇州自古文風鼎盛，歷代科舉多有人才出現，有風水師就把雙塔比喻爲兩支毛筆，由此證明此地的文運昌盛。

【北寺塔】

✉ 蘇州市人民路652號
☎ (0512)6753-1197
🕒 08:00～17:30
$ 聯票包括登塔25元，不登塔15元
➡ 搭乘公車游1、游2、游4、1、8、38、101、102、103、313、502路到北寺塔站下車
MAP P.75

北寺塔最早建於三國的孫權時期，原名通元寺，後來改名報恩寺。南宋紹興23年(西元1153年)重建八角形的九層寶塔，成爲報恩塔，俗稱爲北寺塔，是一座磚木結構的建築。

北寺塔高度達76公尺，是蘇州古城內最具規模的佛教寶塔式建築，

Sightseeing in Suzhou

清朝光緒年間曾經重修。塔的內部設置有木梯，可以登高望遠，俯瞰蘇州古城的水鄉風光。

目前北寺塔增闢爲北塔公園，在公園的範圍內還有明朝萬曆年間重修的觀音殿，因爲建築使用珍貴的楠木，所以又稱楠木觀音殿，是蘇州明代建築的精華。觀音殿的南面長廊上，有大陸最大的漆雕「盛世滋生圖」，建於清代。

此外，塔東北的碑亭，放置有「張士誠紀功碑」，主要是記載元末張士誠降元後，款待元朝使者的酒宴場面，是難得一見的元代石碑。塔的北邊有一處花園梅圃，有池塘、假山等景觀。

【玄妙觀】

- 蘇州市觀前街與宮巷交叉口
- (0512)6727-6948
- 08:00～17:30
- 10元
- 搭乘公車游1、游2、游4、游5、1、2、4、8、20、38路到玄妙觀站下車
- MAP P.75

玄妙觀是蘇州歷史最悠久的一座道觀，最早建於晉咸寧2年(西元276年)，原名眞慶道院，元朝元貞元年(西元1295年)改稱玄妙觀至今。玄妙觀是蘇州購物聖地——觀前街(相關介紹見P.96)的中心，觀前街也就是因爲位於玄妙觀之前而得名。

玄妙觀原有25個大殿，但是多已損毀不得見，目前主要景觀包括山門、三清殿與無字碑。其中三清殿建於南宋淳熙6年(西元1179年)，是蘇州難得一見的宋代道觀式建築，現在也是大陸的全國重點文物保護單位。殿內有3尊高約6公尺的三清像，牆上有唐代知名畫家吳道子所繪的「太上老君圖刻像」，還有珍貴的唐明皇、顏眞卿書法石刻。

知識充電站

位於三清殿一旁的無字碑，原來刻有明朝著名文人方孝儒所撰的碑文。

明成祖朱棣發動靖難政變，奪得政權之後，下令要方孝儒撰寫詔書，但是被其拒絕；朱棣一怒之下將方孝儒處斬，並且令人將原來碑上的文字剷除，因此留下這座無字碑。

博物館之美
Museums

【蘇州園林博物館】

- 蘇州市東北街202號
- (0512)6754-6354
- 08:00～17:00
- 門票含於拙政園內
- 搭乘公車游1、游2、游5、、40、78、202、313、923、529路，在拙政園站下車
- P.75

蘇州園林博物館建於1992年，是大陸第一個以園林爲主題的博物館，門票與拙政園聯賣。館內共分爲園原廳、園史廳、園趣廳、園冶廳等4大部分，運用大量的圖片與模型，來呈現中國園林多采多姿的各樣風格。

【絲綢博物館】

- 蘇州市人民路2001號
- (0512)6753-6506
- 09:00～17:30
- 15元
- 搭乘公車游1、游2、游4、1、8、38、101、102、103、502路到蘇州絲綢館站下車
- P.75

蘇州絲綢博物館位於北寺塔的對面，是目前蘇州市內最值得參觀的博物館。建於1991年，占地將近1公頃，館內設有古代館、近代館與現代館陳列廳等。

蘇州自古便是絲綢的盛產地，這裡更將先秦以來的各種絲綢文物，作詳細的整理與呈現。館內還有各種古代紡製絲綢的器具，在特定時段會有紡織師傅現場表演，遊客也可以自己下場體驗一番。

博物館的銷售部門，還販售有各種絲綢產品，可供選購。

【蘇州博物館】

http www.szmuseum.com
✉ 蘇州市東北街204號
☎ (0512)6757-5666
◷ 09:00～17:00，週一休息
$ 免費，但需先在領票處領取入場券，每天限量3,000人
➡ 搭乘公車游1、游2、游5、40、55、178、202、309、313、518、529、811、923路到蘇州博物館或拙政園站下車
MAP P.75

與太平天國忠王府相鄰的蘇州博物館，原創建於1960年。後來拆除原館，並由蘇州出身的知名國際建築設計師貝聿銘重新設計，於2006年10月重新開館，是蘇州新的旅遊景點，門票與太平天國忠王府相通，可以一票觀賞新舊兩處地方。

新蘇州博物館的展示空間包括地上二樓與地下一樓，常年展出「吳地遺珍」、「吳塔國寶」、「吳中風雅」、「吳門書畫」等常設展覽。此外，館內還附有現代藝術展廳與特展廳，不時舉辦各種特展。蘇州博物館內珍藏的文物有三萬多件，其中以蘇州附近出土文物、明清書畫、古代工藝品爲代表。

新蘇州博物館的建築特色，是融合傳統與現代空間設計的優點，新館採光良好，動線通暢，但是又保留了古典庭園中假山流水，門窗借景的特色，古今交融，卻又相互輝映。博物館改建時，許多當地人擔心新的設計會破壞忠王府與拙政園，看來是多慮了！

與蘇州博物館一門相通的太平天國忠王府，是大陸保留最完整的太平天國時期建築。府內由臥虬堂、古典戲台、鶴軒、走馬樓等建築所構成。這座王府是由太平天國的忠王李秀成所建，西元1860年李秀成攻陷蘇州，以拙政園舊址爲基礎，另沒收附近潘姓與汪姓住宅，並徵調民工數千人，建設忠王府。

不過，這座忠王府由於內部雕樑畫棟，興建費時，工程尚未完成前，蘇州就已被清軍攻破。目前忠王府內刻意布置成太平天國時期的模樣，其中並有一尊李秀成的銅像，還有許多太平天國時期的古文物。

【蘇州民俗博物館】

- 蘇州市潘儒巷32號
- (0512)6727-2478
- 08:00～16:00
- 免費
- 搭乘公車游1、游2、游5、50、55、301、811路到蘇州博物館站下車
- MAP P.75

蘇州民俗博物館位於獅子林名園的一側，建於1986年，是一間以收藏蘇州民俗文物、展現當地地方風情的主題博物館。館內現有3個展覽廳，分別是婚俗廳、食俗廳與節俗廳，實際上展出的內容並不精彩。

【蘇州碑刻博物館(文廟)】

- 蘇州市人民路45號
- (0512)6519-7203
- 08:30～16:00
- 免費
- 搭乘公車游2、游4、游5、1、28、101、102、103、514路到三元坊下車
- MAP P.75

蘇州文廟建於北宋景佑2年(西元1035年)，是由范仲淹所建，原爲祭孔之用的孔廟，後改爲廟學一體。

主要建築包括大成殿、崇聖殿、明倫堂等，現在已經改爲蘇州碑刻博物館。館內藏有宋元明清四代的石碑雕刻，館中最著名的《平江圖》，製作於西元1229年，是描繪南宋時名爲平江府的蘇州市平面圖，可以看到當年蘇州的城區配置；這也是現存歷史最悠久的都市平面圖。

館內陳列的石碑有一千多枚，平日在文廟後方，還有古物交易市場，只是價格並不便宜。

Shopping

逛街購物

百 年 老 店 林 立 ， 採 購 江 南 風 味

【觀前街】 MAP P.75

觀前街位於玄妙觀之前，位在臨頓路與人民路之間，全長超過1公里，兩旁各式商店林立，間雜著一些成名多時的百年老店，是目前蘇州市內最著名的逛街購物街區。與觀前街平行的太監弄，是蘇州許多飲食老店的集中地。觀前街內還有一種小型電動車，可將遊客從街前載到街尾，節省腳力。近幾年觀前街與人民路交叉口，崛起成為百貨公司集中地，目前有許多中外資的百貨公司。而觀前街後方的北局，則有許多電影院、KTV等設施，娛樂機能齊全。

1.觀前街雕像 / **2.**觀前街 / **3.**觀前街夜景 / **4.**太監弄舞龍表演 / **5.**觀前街的過年裝飾

蘇州采芝齋

✉ 蘇州市觀前街91號
👍 松仁糖、粽子糖、蝦籽、蝦子醬油、奶油瓜子、棗泥麻餅、芝麻酥糖

蘇州采芝齋創始於清同治9年(西元1870年)，主要產品有蘇式糖果、糕點、炒貨、蜜餞與鹹味等，商品種類多達三百多樣。其中松仁糖、粽子糖、蝦籽、蝦子醬油、奶油瓜子、棗泥麻餅、芝麻酥糖等，都是人氣商品。一般大陸人來到蘇州旅遊，都會來此買上一些糖果土產，帶回去分贈親友。

清朝末年，采芝齋糖果因爲名醫陳滄洲曾經用來爲慈禧太后入藥，而被列爲貢品。在1950年代，中共總理周恩來更多次用來招待國際人士，而被視爲敦睦外交的國糖。采芝齋的產品多以天然水果、花卉爲原料，展現出一種特殊的江南風味。

黃天源糕糰店

✉ 蘇州市觀前街86號
👍 現製的蘇式糕點

黃天源糕糰店創立於清道光元年(西元1821年)，也是一家歷史悠久的百年老店。

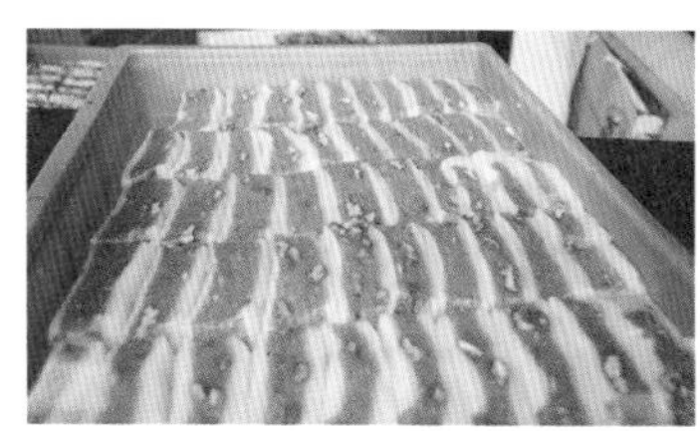

這裡以現場炊製的蘇式糕點聞名，其中包括青糰子、麻酥糰、南瓜糰、桂花條頭糕、八寶甜飯等，店內設有座椅，可以現點現吃，也可以外帶。

蘇州古舊書店

✉ 蘇州市人民路1222號
☎ (0512)6522-4950
⏲ 09:00～18:00

觀前街與人民路交叉口附近的蘇州古舊書店，店裡販賣許多珍本的古舊書籍，包括書法、國畫、建築等藝術門類，是雅好藝術人士可以尋寶的地方。

【石路】 MAP P.74

相對於觀前街的老店林立，位在蘇州古城西方的石路商業區，則是許多現代商場的集中地。這裡目前有多家百貨公司、電影院和旅館，區內的神仙街，則是美食集中地，有多家餐館在此營業。

早上石路商業區的運動人群

石路商業區夜景

【鳳凰街】 MAP P.75

蘇州古城的鳳凰街與干將東路交界處，是蘇州另一個新興的美食街，這裡有景點雙塔寺，又有各式美食，只是餐廳的歷史較短，比不上觀前街的老店林立。

蘇州鳳凰街

蘇州鳳凰街夜景

【平江路】

MAP P.75

蘇州古城建造至今已經超過2500年，但在北宋政和3年到元朝末年的254年期間(西元1113～1367年)，曾經被稱爲平江城。目前在蘇州市區裡也有平江歷史街區的規劃，範圍從臨頓路、白塔東路、干將路到環城河，占地約116公頃。

平江路是平江歷史街區的主要街道，同樣有街道與水道並行的景觀，但是比起山塘街要安靜得多，商業氣息也少一點。平江路成南北走向，沿途還有一連串包括拙政園、獅子林、藕園、東園、蘇州博物館、戲曲博物館等景點。由於距離觀前街不遠，整建後的石板街道雖然古樸但是乾淨，因此歐美遊客喜歡到這裡尋幽探勝。

當地電視台在平江路上取景

由於道路不寬，無法通行汽車，因此平江路上只有單車、機車通行，街道兩旁有一些商店、餐廳、茶館與小酒館，因此很適合遊客來這裡閒逛，也不缺休息進餐的地方。也由於這裡古樸的氣氛，一些影視節目也喜歡到這裡取景。

【山塘街】 MAP P.74

蘇州古城內原本水港交錯，河道縱橫，橋樑多、河道多，因此有東方威尼斯的美稱。不過大陸改革開放後，因為工商業快速發展，原來街河並行的景象反而逐漸沒落。近幾年蘇州市政府整建著名的古街山塘街，重現江南水鄉美景。

山塘街曾經有「姑蘇第一名街」的稱號，蘇州民歌「大九連環」裡面，就有歌詞唱到「上有天堂，下有蘇杭。杭州有西湖，蘇州有山塘。兩處好地方，無限好風光。」整建之前的山塘街原來是一處菜市場，整建後有許多餐廳與商店進駐，已經與觀前街一樣成為遊客必到的街道。

山塘街最早建於唐朝寶歷年間，後來著名詩人白居易出任蘇州刺史，他在巡視虎丘時，看到附近的水道淤積，於是決定開鑿一條閶門渡僧橋，到虎丘望山橋之間的水道，稱為山塘河，由於河道長約7公里，因此稱為「七里山塘到虎丘」。

河道完成之後，沿河聚集成市，便是山塘街。由於感念白居易的貢獻，當地百姓曾經把這裡稱為白公堤，還修了座白公祠祭拜。由於山塘街水運便利，市井繁榮，明清兩代非常繁榮，小說《紅樓夢》裡就把蘇州閶門到山塘一帶，稱為「最是紅塵中一二等富貴風流之地」。乾隆皇下江南時，也曾多次作詩吟詠，後來滿清皇室還在頤和園裡，仿造了一座蘇州街。

自古山塘街可分為東西兩段，中間以半塘橋為分界，東段以店鋪與住家為主較為熱鬧；西段接近郊外較為清幽。目前整建完成的山塘老街，從渡僧橋到廣濟橋段共長360公尺，沿街兩旁都是明清時期的老

1.古戲台／2.山塘街一景／3.玉涵堂／4.山塘街上新民橋

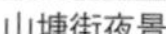
山塘街夜景

山塘街夜景

屋，造型古樸，尤其夜景很迷人。

山塘街的位置距離石路商業區很近，可以一起遊覽。山塘街白天的街景比較安靜，晚上華燈初上時最爲熱鬧，其中位於廣濟橋附近最可以看到河街並行的景象。除了餐廳、商店、紀念品店之外，在河兩旁有許多酒吧與茶館，適合坐下來聊天與欣賞河景。

在山塘河上也可以搭乘遊船，動力船船票每人25元，手搖船每船100元。山塘街本身不收費，但是街上有7個景點實施門票聯賣，價格是45元，可以參觀玉涵堂、泉州會館、紹興會館、古戲台、山塘閣、安泰救火會與江南成衣館等地方，內部主要是圖片展示。

旅行小抄

山塘街白天與夜晚都可以參觀，但是一般白天，尤其是早上街上人氣寥落，許多商店也沒開業。倒是到了晚上華燈初上，反射著河道上的倒影，夜景最為迷人，因此許多遊客喜歡在晚上山塘街，街上熙來攘往，人氣最旺。相對之下，白天的山塘街則是比較安靜，另有一番風味。

Restaurants

餐廳美食

正宗蘇幫菜，講究菜餚的傳統風味

得月樓

- 蘇州市觀前街太監弄31號
- (0512)6522-2230
- 07:00～21:00
- 得月童雞50元、天下第一菜20元、蟲草脯里鴨90元、蓴菜銀魚羹30元、密汁火方90元、香菇菜心10元，松鼠鱖魚140元、油爆蝦28元、炒鱔糊48元。服務費另加10%
- 菜餚口味：★★★
  人員服務：★
  用餐環境：★★★
  價格價值：★★
- MAP P.75

蓴菜銀魚羹

得月樓是經營正宗蘇幫菜的老牌國營餐廳，老店最早創立於明朝嘉靖年間，至今已有幾百年歷史，當年的建築曾是江南名樓之一，但是原樓目前已經看不到蹤跡。幾年前大陸曾經有一部電影《小小得月樓》，敘述發生在得月樓的故事，使得這裡的知名度大增。

目前得月樓在蘇州的美食街——太監弄裡，有兩家店面。得月樓的名菜有得月童雞、脯里鴨、姑蘇船點、千層鱖魚、醬方等，其中得月童雞是將滷過的雞隻，淋上酸甜鹹的紅色醬汁上桌，是店裡的招牌菜，口味接近糖醋排骨。

新聚豐菜館

- 蘇州市觀前街太監弄9號
- (0512)6521-9940、6522-4086
- 11:00～20:30
- 祥龍鱖魚168元、蘇式醬鴨20元、櫻桃汁肉45元、三絲蓴菜湯25元
- 菜餚口味：★★★★
  人員服務：★★★★
  用餐環境：★★★
  價格價值：★★★★
- MAP P.75

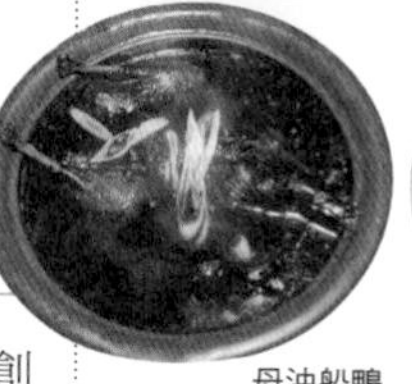

母油船鴨

南塘雞頭米

新聚豐菜館原名聚豐園，最早創建於1920年代。比起其他老招牌的得月樓等餐廳，這裡名氣不顯著，因此很講究菜餚的研究與推陳出新，譬如自松鼠鱖魚改進而來的「祥龍鱖魚」，就曾經贏得大陸全國烹調比賽的金牌獎。

此外，江蘇名菜如母油船鴨與店裡著名的甜點棗泥拉糕也都值得嘗試。這裡還吃得到產自南塘的風味小吃雞頭米。

松鶴樓 山塘街店

- 蘇州市山塘街198號
- (0512)6532-1398
- 11:00～13:00，17:00～20:30
- 松鼠鱖魚158元、水晶肴肉26元、姑蘇滷鴨32元、蟹粉小籠18元、太湖二鮮36元、一品大白菜32元、糯米鍋巴32元
- 菜餚口味：★★★½
  人員服務：★★★
  用餐環境：★★★★
  價格價值：★★★
- MAP P.75

松鶴樓創建於清乾隆年間(西元1757年)，至今已有250年的歷史，是蘇州著名的國營老餐廳。傳說清朝的乾隆皇帝在下江南的途中，曾經在這裡用餐，所以名聲顯赫，但是目前只是一家尋常的國營餐廳。這家餐廳很早打烊，通常20:30就要收攤，因此來此用餐的時間不要太晚，以免影響服務與用餐的品質。

松鶴樓在蘇州有好幾家分店，包括遊客集中的觀前街與山塘街，筆者在前版書曾經探訪過這家餐廳的觀前街店，結果菜餚口味與人員服務都令人大失所望。這次再次探訪山塘街店，卻大爲改觀，不只菜餚連服務都大有改進。這裡最著名的招牌菜是「松鼠鱖魚」，是先將整隻鱖魚的魚肉切成大塊狀，然後沾上麵粉去油炸，上桌時再淋上酸甜的紅色醬汁。因爲魚肉經過油炸，所以吃起來外脆內嫩，色澤紅亮，相當討喜。

其次像是江浙菜的著名冷盤肴肉、滷鴨等口味不錯，太湖二鮮是用太湖的銀魚、白魚與蓴菜製成，是改良版的太湖船菜，都很值得一試。餐廳內部裝潢古色古香，與山塘街的復古街道融爲一體，也爲進餐氣氛加分不少。

松鶴樓外觀

松鶴樓內部

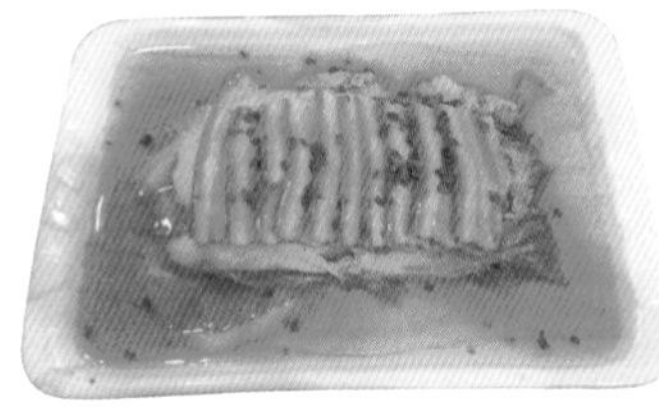
一品大白菜

水晶肴肉(前)與太湖二鮮(後)

蟹粉小籠

川福樓大酒店

- 蘇州市觀前街碧風坊1號
- (0512)6522-8877～8
- 06:30～03:00
- 夫妻肺片18元、乾鍋肥腸28元、酸菜魚32元、水煮牛肉28元、重慶毛血旺26元
- 菜餚口味：★★★★★
  人員服務：★★★
  用餐環境：★★★★
  價格價值：★★★★
- MAP P.75

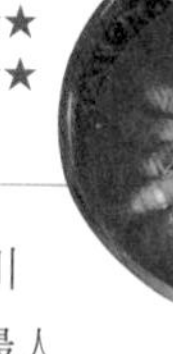

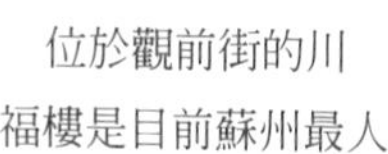

基圍蝦

川福樓大酒店外觀

川福樓大酒店內部

位於觀前街的川福樓是目前蘇州最人聲鼎沸的餐廳之一，雖然有整整3層樓的營業空間，可以同時容納1,500人用餐，但是用餐時間卻是座無虛席，還時常有人在店外排隊等候，可見得人氣之旺。

由店名可知道，川福樓是一家主要經營川菜的餐廳，目前在全大陸，共有48家連鎖店，店裡是以川人、川食與川酒爲特色。裝潢上，富有四川特色的吊腳樓、大榕樹、大水車、紅燈籠等，爲這裡帶來有別於蘇州的西蜀地方特色；在特定時段，還可以看到磨豆漿的表演。

蚌肉青菜

由四川籍廚師所打理的菜餚，充分發揮川菜「一菜一格、百菜百味」的特色，而不是單純的麻辣而已，因此即使不吃辣的遊客也可以點到合意的菜色。店裡的菜單標示有每道菜辣的程度，個人可以依喜好點選。

香烤肉

除了正宗的川菜之外，這裡也提供粵菜、蘇幫菜與各種創新菜餚。和附近的老字號國營餐廳比較起來，這裡的口味出眾、人員服務周到、環境布置又有特色，難怪會這麼受到歡迎。

綠楊餛飩

- 📧 蘇州市觀前街碧鳳坊82號
- ☎ (0512)6755-2353
- 🕒 07:00～21:30
- $ 雞湯蝦仁餛飩15元、芽菜餛飩10元、薺菜餛飩8元、蟹粉小籠8元
- i 菜餚口味：★★★
  人員服務：★★
  用餐環境：★★★
  價格價值：★★★
- MAP P.75

綠楊餛飩內部

綠楊餛飩是一家位於觀前街碧鳳坊的國營百年老店，最早創業於清嘉慶7年(西元1802年)。1962年蘇州飲服公司在觀前街北局重建綠楊餛飩店，讓這個店名重現，但是成爲國營型態。

「綠楊」兩字典故的由來，據說是乾隆皇第四次下江南時，下榻蘇州的滄浪亭，看到河邊楊柳隨風飛舞，心血來潮用毛筆提寫了「綠楊」兩字，送給當時的蘇州撫台，撫台就裝裱掛在衙門中。後來一家餛飩於嘉慶年間在閶門附近開業，店主人請撫台大人題字，當時的撫台看到乾隆的墨寶，隨手也提了個「綠楊」兩字，變成爲店名。

這裡販賣的主要是餛飩與小籠，味道還可以，價格適中，在觀前街這個遊客集中的地方，不失爲一處可以簡單解決一餐，又有地方風味的餐廳。

雞湯蝦仁餛飩

好人民間小吃

蘇州市觀前街碧風坊81號
(0512)6523-5206
09:30～22:30
一號套餐18元(香辣牛肉水粉、川臘肉炒飯、夫妻肺片、蜀南葉兒粑、麻婆豆腐、水果西米露)、二號套餐18元(酸菜鮮魷水粉、好人炒飯、粉蒸排骨、好人燒賣、蔥香貢菜、水果西米露)
菜餚口味：★★★★
人員服務：★★★
用餐環境：★★★
價格價值：★★★★★
MAP P.75

「取民間百姓家山野鮮美之味，圓現代都市人回歸自然之夢」是好人民間小吃的餐飲宗旨。

這家歷史短暫的餐廳，雖然在美

食集萃的觀前街立足不久，生意卻不惡，主要是因爲菜餚的口味出色，服務周到，而且價錢便宜。

好人民間小吃的經營型態有點像是速食店，但是還是有桌上點菜、上菜的服務。這裡主要供應的是川菜，最簡單的點法是點套餐，套餐包括米飯與水粉主食，加上配菜與甜點，全部費用還不到人民幣20元，就可以飽餐一頓。此外，如果需要點菜，這裡也可以單點某道菜，只是費用稍微高一點。

當生意很好的時候，服務人員上菜的速度比較慢，時常要提醒服務生催菜。

永和豆漿

蘇州市觀前街碧風坊72號
(0512)6770-5837
24小時營業
熱豆漿4元、油條2元、皮蛋瘦肉粥6元、什錦魚片燴飯12元、滷肉飯9元
菜餚口味：★★★
人員服務：★★★
用餐環境：★★★
價格價值：★★★★
MAP P.75

由台商投資設立的永和豆漿連鎖店，也在2002年登陸觀前街了！這家標榜提供台式美食的快餐店，提供國人所熟悉的豆漿、燒餅油條、

燒賣、鍋貼、拉麵、滷肉飯與便當等，可以讓久違家鄉口味的遊人，吃到熟悉的家鄉風味。

餐廳採24小時的營業型態，所以不管早餐或是宵夜，都可以在這裡解決。此外，永和豆漿還附有外送服務，只要點超過10元人民幣的東西，再加上10%的服務費，就可以包送到家。

王四酒家

- 蘇州市觀前街太監弄35號
- (0512)6522-7277、6523-2967
- 10:30～14:30，16:30～21:30
- 招牌叫化雞118元、松鼠鱖魚158元、炒鱔絲58元、燜肉豆腐48元
- 菜餚口味：★★★★
  人員服務：★★★
  用餐環境：★★★
  價格價值：★★★
- MAP P.75

叫化童子雞

位於觀前街蘇州美食一級戰區的王四酒家，是成立於清光緒13年(西元1887年)的百年老店，號稱是蘇州名菜「叫化雞」的創始老店。

根據本店的說法，清朝末年光緒皇帝的老師翁同龢告老還鄉後，某日在虞山興福寺，偶遇一名乞丐用泥巴塗皮的方法來烤雞，翁取肉試吃之後，發現味道相當獨特。後來

叫化童子雞須以榔頭敲開

他就把這個烹調方法，告訴虞山腳下的王四酒家，命令廚師用蔥、薑、酒、鹽、丁香、八角等12種調味料，用豬油網包住全雞，外包荷葉，再裹上黃泥煨烤，完成後用槌子擊破黃泥，就是著名的叫化雞。

叫化雞在中國各地有不同做法，王四酒家的雞是採用未足齡的童子雞，雞身較小，也較易入味。抗戰勝利後，宋美齡、宋慶齡姊妹到蘇州時，就曾到王四酒家品嘗叫化童雞。

此外，店裡的桂花酒，也曾被翁同龢題字讚賞，「帶經鋤綠草，留露釀黃花」。店內名菜還包括漉鍋油雞、桂花血糯、松鼠鱸魚等。

朱鴻興麵館

- 蘇州市宮巷108號
- (0512)6727-9722
- 早餐、午餐、晚餐
- 燜肉麵12元、爆鱔麵18元、蟹粉麵25元
- 菜餚口味：★
  人員服務：★
  用餐環境：★
  價格價值：★★
- MAP P.75

鱔爆蝦仁麵

腰花麵

朱鴻興麵館創於1938年，這是一家專門經營蘇式麵點的餐館。所謂的蘇式麵點講究麵條韌細、撈麵清爽與湯頭鮮美，據說這樣做出來的麵，具有濃、鮮、清、香4個特點。傳統上這裡以鱔爆蝦仁麵、燜肉麵、青魚甩水麵最出名，在早年曾經以品種多樣，聞名於江浙一帶。目前這裡只是一家收歸國營的餐廳，服務、食物皆普通。

知識充電站

朱鴻興麵館的變遷

西元20世紀的30年代，蘇州的臥龍街(今人民路)有一家口味不錯、生意興隆，由朱春鶴經營的攤子，這就是朱鴻興的前身。

由於朱春鶴在下麵時，講究用料，又薄利多銷，所以吸引了很多常客。也因為生意越做越好，朱老闆索性就在原地開了一家麵館，取名「朱鴻興」。因為餐館的主力是麵食，所以就在麵上作文章，特別講究「麵以澆變，澆以碗襯」。當時店裡麵與點心的品種達到30種。

由於品種多、品質高，加上服務周到，所以四方客人越聚越多，當時聞名蘇州、北京與上海的京劇演員、評彈藝人與文藝界人士，也常來光臨，店面門庭若市。朱鴻興麵館當時聲名大噪，老闆也掛出了「京滬馳名」的金字招牌，是這家麵館的全盛時期。

吳地人家大酒店

✉ 蘇州市工業園區李公堤29號
☎ (0512)6287-5888
🕘 11:00～21:00
$ 清炒蝦仁、一品宮廷排骨、野生鳳凰蝦、蟹粉獅子頭、響油鱔絲，每人平均消費100元
i 菜餚口味：★★★
人員服務：★★★
用餐環境：★★★★
價格價值：★★★

位於蘇州古城西邊的工業區，是目前蘇州市內發展最快的區域，其中位於金雞湖南岸的李公堤則是新興的美食區，在李公堤道路兩側有許多新成立的高級餐廳，已經成爲當地人高級的請客宴會場所，其中吳地人家大酒店則是一家供應道地蘇州本幫菜的餐廳。

吳地人家大酒店在蘇州有幾家分店，其中在李公堤的分店外表裝飾成清末民初富貴人家的深宅大院，裡面古色古香，擺設十分考究，而且富有江南風味，因爲位於金雞湖畔，因此有露天的座位，也有大片落地窗的室內座席。和李公堤上其他的餐廳一樣，這裡的消費不便宜，使用包廂的話，不包括酒水最低消費是1,000元。

周庄

周庄三元樓

✉ 周庄鎮城隍埭48號
☎ (0512)5721-1579
🕘 午餐、晚餐
$ 萬三蹄小48元、大65元、炒青菜8元、米飯2元
i 菜餚口味：★★
人員服務：★★★
用餐環境：★★
價格價值：★★★

周庄三元樓是位於周庄古鎮內，太平橋下的一家百年老店，外表是古色古香的兩層樓房，裡面提供著民的萬三蹄與各式河鮮料理。其實萬三蹄就是一般人熟知的紅燒蹄膀，但是這裡口味做得偏鹹。這家

餐廳整體味道雖然不難吃，但也不出色，有點江南家常菜的感覺。實際上周庄餐廳的水準普遍不高，可能遊客眾多，生意好做，因此店家也不講究精益求精。

萬三蹄、炒青菜

木瀆

石家飯店

- 木瀆鎮中市街18號
- (0512)6626-1351
- 午餐、晚餐
- 巴肺湯30元/條、三蝦豆腐30元、油爆河蝦60元、奶油鯽魚湯30元、油潑雞48元、雞油菜心18元、石家醬方58元
- 菜餚口味：★★
  人員服務：★★
  用餐環境：★★
  價格價值：★★★

雞油菜心

「老桂花開天下香，看花走遍太湖旁。歸舟木瀆猶堪記，多謝石家巴肺湯。」——于右任

位於蘇州西方木瀆水鄉小鎮(相關介紹見P.62)的石家飯店，是一家很有來頭的餐廳。這家餐廳最早創立於清朝乾隆年間，原名敘順樓。

當年敘順樓有10道名菜，分別是松鼠鱖魚、清溜蝦仁、三蝦豆腐、白油鯽魚、鮮活熗蝦、巴肺湯、油波童雞、雞油菜心、母油整雞與冰糖醬方等等。由於店主人姓石，因此就被稱為石家十菜。

巴肺湯原來叫做斑肝湯，是用捕捉自太湖的巴魚(或稱斑魚)所作成，湯的內容包括巴魚的肉與肝。民國18年，國民黨大老于右任到南京開會，會後遊覽太湖，晚上來到石家飯店用餐，剛好吃到時節當令的巴肺湯，驚為美味。因為于也是民國著名的詩人，所以就在飯後賦詩一首，石家飯店的巴肺湯因此一時名揚天下。除了巴肺湯之外，石家菜裡的三蝦豆腐中加入了蝦肉、蝦腦與蝦仔，也是名菜之一。

目前這裡只是一家尋常的國營餐廳，菜並不出色，店內環境普通。

巴肺湯

三蝦豆腐

Hotels
旅館住宿

吳宮喜來登酒店

http www.sheraton.com
✉ 蘇州市新市路388號
☎ (0512)6510-3388
FAX (0512)6519-0918
$ 雙人房888～1,245元
i 房間總數：315
星級：★★★★★
硬體設施：中西餐廳、游泳池、網球場、健身房、桑拿與蒸汽浴室、商務中心、會議室
MAP P.75

吳宮喜來登酒店是目前蘇州市內最高級的旅館，酒店由國際知名的Sheraton集團管理，1998年正式開始營運。飯店外型採中國古代宮殿式建築，顏色與蘇州古城內的主要色調一樣，漆成黑瓦白牆，非常地醒目。

酒店所在的位置是在盤門風景區(相關介紹見P.86)的旁邊，距離市區主要的購物與娛樂商業區有一段距離，好處是環境單純寧靜，壞處是出入搭車耗費時間與金錢。

南園賓館

http www.gardenhotelsz.com
✉ 蘇州市滄浪區十全街655號
☎ (0512)6778-6778
FAX (0512)6778-6888
$ 標準雙人房起價約500元
i 星級：★★★★★
MAP P.75

前身是蘇州國賓館的南園賓館，因為曾經是中共接待國際政要的旅館，因此頗富傳奇色彩，本身也是一處歷史景點。這裡曾經接待過的著名人物包括卡特總統、柴契爾夫人、季辛吉、周恩來、胡錦濤等，內部結合傳統蘇州園林，因此以可以入住的園林作為號召。1987年蘇州旅遊公司與澳門中國建築工程公司合作，將國賓館進行改建，變成符合國際五星級標準的豪華旅館。

在民國41年之前，這裡所在的位置稱為蔡貞坊，其中蔡貞坊7號又被稱為蔣公館，因為這裡是蔣介石總統二太太姚冶誠的居所。民國16年蔣介石為了和宋美齡結婚，便與前後三個太太辦理離婚手續，並將姚冶誠與蔣緯國遷居蘇州，並且於民國18年耗資2萬銀元興建一座西式樓房供兩人居住，就是蔣公館，因此這裡是蔣緯國成長的地方。民國政府在大陸失敗後，蘇州人民政府以蔣家

1.標準雙人房 / 2.麗夕閣 / 3.麗夕閣 / 4.麗夕閣五七一工程遺址內部

樓爲中心，將附近鄰里劃成高級領導人才能入住的招待所，就是蘇州國賓館。目前蔣公館仍然維持原來的外型，但是內部經過改裝成客房，可以供遊客入住，並且重新命名爲「麗夕閣」。

民國60年(西元1971年)2月林彪帶著妻子葉群與兒子林立果入住南園賓館，在層層警衛隊戒備下，林彪大舉施工開挖地下堡壘，準備發動「五七一工程」。所謂的五七一是取諧音「武裝起義」的意思，也就是林彪準備發動軍事政變推翻毛澤東的統治，不幸事蹟敗露，林彪與家人、幹部於當年9月駕機出逃蘇聯，但是飛機在外蒙古墜毀，整起政變以慘敗告終。不過當年所挖掘的地下通道，仍然完整的保存在南園賓館中，可供住房的房客參觀。

像南園賓館這種有景觀、有歷史，又位居市中心的旅館，應該價格高昂，但是因爲競爭的關係，這裡雙人房起價才約500元，眞是物超所値。但注意，這裡最便宜的房間面對馬路，隔音不是很理想，晚上較爲吵鬧，較不適合淺眠的人。

吳宮泛太平洋酒店

http www.panpacific.com/cn/Suzhou/Overview.html
✉ 蘇州市新市路259號
☎ (0512)6510-3388
FAX (0512)6510-0888
$ 豪華雙人房起價885元
i 房間總數：315
星級：★★★★★
硬體設施：中西餐廳、游泳池、健身房、桑拿與蒸汽浴室、商務中心、會議室
MAP P.75

吳宮泛太平洋酒店室蘇州的高級旅館，由國際知名的泛太平洋酒店集團(Pan Pacific)管理，1998年開始營運。

竹輝賓館

蘇州市竹輝路168號
(0512)6520-5601
FAX (0512)6520-8778
$ 雙人房起價400元
i 房間總數：356
星級：★★★★
硬體設施：中西餐廳、游泳池、網球場、桌球室、健身房、桑拿與蒸汽浴室、商場、卡拉OK、商務中心、會議室
MAP P.75

4星級的竹輝賓館在凱萊酒店與吳宮喜來登酒店開幕之前，原來是蘇州古城內水準最高的旅館，但是

目前已經遜色不少。

賓館的外型呈現黑瓦白牆，與古城的主流建築色調統一，酒店所在位置距離著名蘇州園林——滄浪亭與網師園(相關介紹見P.82、78)距離甚近，步行可達。飯店的顧客群中，有不少的日本旅客。

園外樓飯店

http www.ywl-hotel.com
蘇州市留園路477號
(0512)8588-8588
FAX (0512)8588-8906
$ 普通標準間起價350元
i 星級：★★★★
MAP P.74

茉莉花假日酒店

http www.ichotelsgroup.com/h/d/hi/280/zh/hd/suzcx
蘇州市閶胥路345號
(0512)6558-8888
FAX (0512)6558-2288
$ 高級雙人房起價600元
i 房間總數：287
星級：★★★★
硬體設施：餐廳、卡拉OK、咖啡廳、健身房、桑拿浴室、美容美髮、會議室
MAP P.74

2006年開業的蘇州茉莉花假日酒店，位於蘇州市熱鬧的石路商業區

附近，附近有蘇州特色老街山塘街，交通便利，生活機能良好。酒店由國際假日酒店集團管理，內部共有287間客房，還附設有知名百年餐廳松鶴樓分店。

海航蘇州飯店

- 蘇州市十全街345號
- (0512)6520-4646
- FAX (0512)6520-5191
- 雙人房300元
- 房間總數：318
  星級：★★★
  硬體設施：中西餐廳、咖啡廳、健身房、桑拿與蒸汽浴室、商場、迪斯可舞廳、卡拉OK、商務中心、會議室
- MAP P.75

蘇州飯店位於京杭大運河與網師園之間的十全街上，十全街是一條商店林立的街道，不管是購物與飲食都非常方便。飯店於1992年開業，2005年時曾經進行過整修。

姑蘇飯店

- 蘇州市相王路133號
- (0512)6520-0566
- FAX (0512)6519-9727
- 雙人房260元
- 房間總數：120
  星級：★★★
  硬體設施：中西餐廳、酒吧、迪斯可舞廳、卡拉OK、商務中心、會議室
- MAP P.75

姑蘇飯店是一家小型的3星級飯店，由大陸的中旅集團管理，位在

網師園附近。飯店設立於1980年，因歷史較久，於2007年時曾經重新裝修過。酒店規模雖然小，但是相對的收費也較便宜，而且所處位置相當安靜。

東山賓館

- http www.dongshan-hotel.com
- 蘇州市東山鎮
- (0512)6628-1888
- 雙人房400～580元
- 房間總數：280
  星級：★★★
  硬體設施：中西餐廳、游泳池、網球場、健身房、迪斯可舞廳、桑拿浴室、卡拉OK、商務中心、會議室等

位於太湖邊東山鎮的東山賓館，是一家度假型的賓館，賓館占地約20公頃，包括5棟別墅。由於位於

東山風景區(相關介紹見P.65)之內，太湖的山光水色盡收眼底。

太湖的東山、西山風景區以產楊梅著名，所以到了冬天梅花的盛開期，一片梅海美不勝收。此外，東山也生產各式水果，每個季節常可看到水果結實纍纍。

新世紀大酒店

蘇州市廣濟路23號
(0512)6801-5555
FAX (0512)6533-5798
雙人房起價360元
房間總數：150
星級：★★★
硬體設施：中西餐廳、酒吧、桌球間、保齡球場、迪斯可舞廳、卡拉OK、商務中心等
MAP P.74

新世紀大酒店是位於蘇州新興商業區——石路(相關介紹見P.98)的一家3星級酒店，酒店樓高20層，客房規模並不大。由於位居石路鬧區，不管是逛街購物、餐飲娛樂都非常方便。

香雪海飯店

www.xiangxuehai.cn
蘇州市滄浪區胥江路271號
(0512)6822-8888
FAX (0512)6812-3137
單人房起價270元
房間總數：110
星級：★★★
硬體設施：中餐廳、咖啡廳、健身房、美容美髮、會議室

2005年底開業的蘇州香雪海飯店，位於蘇州市南部盤門風景區附近，附近大都爲平房，生活機能較差，但是房價相對較爲便宜。

香雪海原來是蘇州市內生意不錯的餐廳，這家飯店據說是老闆頂下一間破產的公司，改裝完成。飯店房間內部陳設，類似台灣早期的公家賓館，雖不豪華，但也舒適。

明涵堂青年旅舍

http www.mhthostel.com
蘇州市廣濟路61號
(0512)6583-3331
$ 4人房與6人房每床40元、雙人房160元
MAP P.74

明涵堂青年旅舍是蘇州市內最接近山塘街的國際青年旅舍，整座旅社是由明朝禮部尚書吳一鵬故居的一部分改建而成，已經有超過400年歷史。從旅社走幾步路就到山塘街，離石路商業區也是走路就可到。

星程乾生元假日酒店

http hotels.ctrip.com/hotel/48735.html
蘇州市山塘街45號
(0512)6583-3188
FAX (0512)6583-3288
$ 無窗標準房180元起、高級房240元起
MAP P.74

星程酒店是中國大陸知名的經濟型酒店連鎖品牌，這家2007年開業的酒店就位於山塘街的入口處，地點非常便利，距離餐廳與商店都很近，徒步也可以到達石路商業區，酒店內的房間大約有三星級的水準，但是最便宜的房間是沒有窗戶的，訂房時必須注意。

周庄

雲海渡假村

周庄鎮雲海路5號
(0512)5721-1977
FAX (0512)5721-1751
$ 標準雙人房約230元起

周庄雲海渡假村位於周庄大橋的南端，這是一家周庄古鎮附近水準較高的旅館，曾經接待過2001年亞太經合會(APEC)的各國代表，也曾經提供過美、韓、星等多國元首住宿。這家渡假村共有135個房間，1996年開業後，曾經於2006年重新裝修過。

周庄

周庄青年旅舍

周庄鎮北市街86號
(0512)5720-4566
$ 床位每人35元、單人間100元、標準間120元

周庄青年旅舍是周庄古鎮內唯一的一家青年旅社，位置在周庄古戲台附近，不過它並不是國際青年旅社聯盟的會員，因此在聯盟的網站上找不到。旅舍提供簡單的住宿條件，但是位置相當不錯，到周庄古鎮的任何景點都很方便。

風水寶地：杭州導覽

Sightseeing 觀光景點

山外青山樓外樓，西湖歌舞幾時休，
暖風熏得遊人醉，直把杭州作汴州。

杭州市內最重要的景觀就是西湖，圍繞西湖的西湖十景與新十景，其中的人文典故與自然景觀，就夠遊人細細品味與賞玩。此外，岳王廟、靈隱寺等也都是不容錯過的古蹟。其實縈繞在杭州的故事、傳說與人物，更使得這個風水寶地，散發出迷人的色彩，白蛇娘娘與許仙、蘇東坡、秋瑾、岳飛、濟公、胡雪巖等大家耳熟能詳的人物，都可以在這裡找到他們的足跡，也令人發思古幽情。

歷史演進

杭州是浙江省的省會，也是中國的七大古都之一，杭州與江蘇省的蘇州，向來是江南富庶的代表，所以自古有「上有天堂，下有蘇杭」的說法。杭州古稱禹杭，其中杭字的意義與「航」字相通，相傳這裡是大禹治水時，泊船靠岸的地方。

「杭州」兩字的出現，開始於隋開皇9年(西元589年)，也就是在隋朝時，貫通中國大陸南北的大運河開鑿完成，因此促成了杭州的興起與繁榮。北宋末年，宋朝宗室在金人壓迫之下南遷，定都於杭州，史稱南宋。這是杭州首度成爲歷史上主要朝代的首都，市區繁華發展達於顚峰。

六和塔

杭州花圃

當時有詩流傳——「山外青山樓外樓，西湖歌舞幾時休，暖風熏得遊人醉，直把杭州當汴州。」不過秀麗的山水雖然令人陶醉，但也軟化了南宋的復國心志，南宋一朝最後亡於蒙古人的鐵蹄之下。

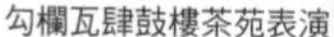
勾欄瓦肆鼓樓茶苑表演

地理位置

杭州行政區的面積共有16,596平方公里，下轄8個區、2個縣與3個縣級市，總人口數約611萬人；市區面積約3,086平方公里，人口約372萬人。8個區分別是上城區、下城區、濱江區、西湖區、拱墅區、江干區、蕭山區與余杭區。

氣候變化

杭州的氣候屬於亞熱帶季風氣候，四季分明，雨量充沛。這裡四季的景色都不同，春天時桃紅柳綠、夏天荷花綻放、秋天桂花飄香、冬天寒梅傲霜，可以說是一個美景如畫、四季皆宜的旅遊城市。

旅行小抄

杭州的市樹是香樟，市花是桂花，但是在西湖邊上的西山路與南山路旁，卻種滿了浪漫的法國梧桐。如果在風和日麗的早上，能夠租上一輛腳踏車，沿著湖邊慢慢賞玩，就更能夠體會西湖的美。

杭州的腳踏車租賃站

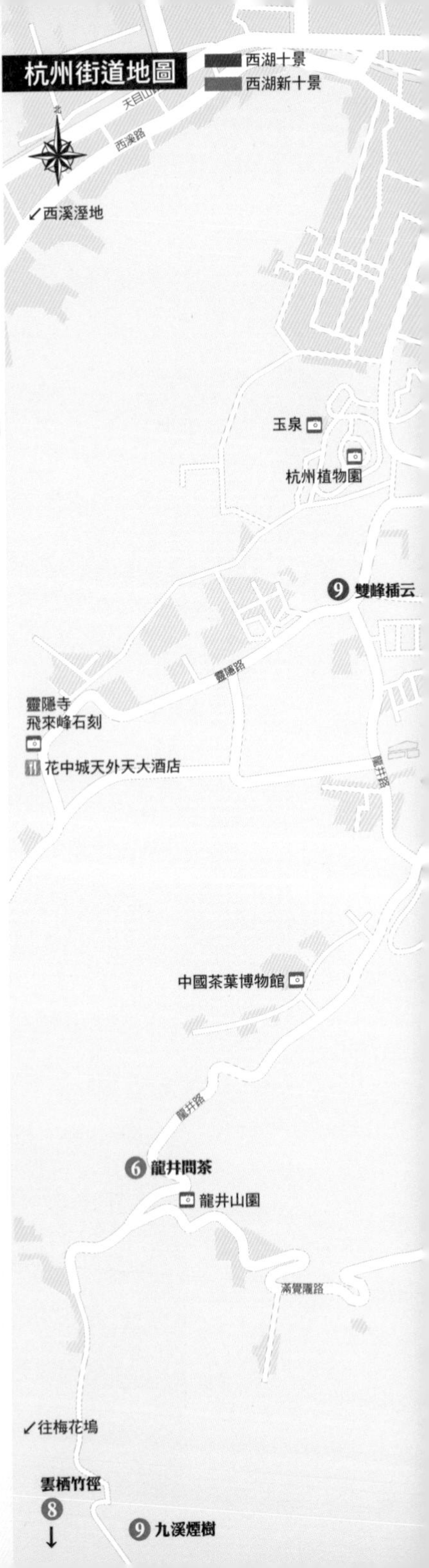

杭州街道地圖

西湖十景
西湖新十景
北
天目山路
西溪路
↙西溪溼地
玉泉
杭州植物園
9 雙峰插云
靈隱路
靈隱寺
飛來峰石刻
花中城天外天大酒店
龍井路
中國茶葉博物館
龍井路
6 龍井問茶
龍井山園
滿覺隴路
↙往梅花塢
雲栖竹徑
8
↓
9 九溪煙樹

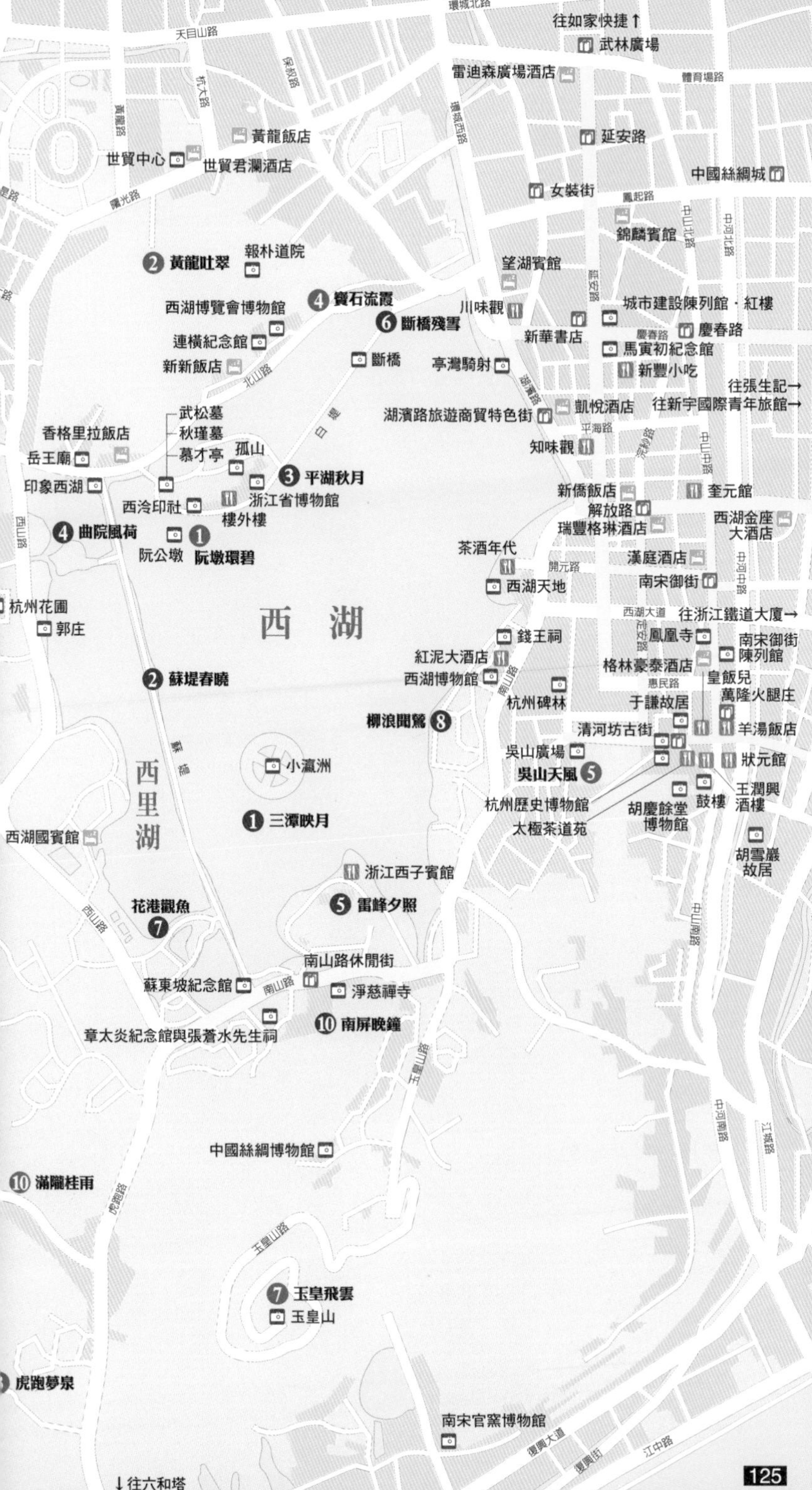
環城北路
往如家快捷↑
天目山路
武林廣場
保俶路
杭大路
雷迪森廣場酒店
體育場路
黃龍路
環城西路
黃龍飯店
延安路
世貿中心
世貿君瀾酒店
中國絲綢城
曙光路
女裝街
鳳起路
錦麟賓館
中山北路
中河北路
2 黃龍吐翠
報朴道院
望湖賓館
延安路
4 寶石流霞
西湖博覽會博物館
6 斷橋殘雪
川味觀
城市建設陳列館・紅樓
連橫紀念館
新華書店
慶春路
慶春路
馬寅初紀念館
斷橋
新新飯店
北山路
亭灣騎射
新豐小吃
往張生記→
湖濱路
凱悅酒店
往新宇國際青年旅館→
武松墓
湖濱路旅遊商貿特色街
秋瑾墓
平海路
香格里拉飯店
中山中路
慕才亭
孤山
知味觀
岳王廟
3 平湖秋月
印象西湖
新僑飯店
奎元館
西泠印社
浙江省博物館
解放路
西湖金座大酒店
樓外樓
瑞豐格琳酒店
4 曲院風荷
1
西山路
阮公墩
阮墩環碧
茶酒年代
漢庭酒店
開元路
中河中路
西湖天地
南宋御街
杭州花圃
西湖大道
往浙江鐵道大廈→
郭庄
西湖
錢王祠
延安路
鳳凰寺
南宋御街陳列館
紅泥大酒店
格林豪泰酒店
2 蘇堤春曉
西湖博物館
惠民路
皇飯兒
南山路
杭州碑林
于謙故居
萬隆火腿庄
柳浪聞鶯 8
清河坊古街
羊湯飯店
蘇堤
吳山廣場
小瀛洲
狀元館
吳山天風 5
西里湖
王潤興酒樓
鼓樓
杭州歷史博物館
胡慶餘堂博物館
1 三潭映月
太極茶道苑
西湖國賓館
胡雪巖故居
浙江西子賓館
5 雷峰夕照
花港觀魚
西山路
中山南路
7
南山路休閒街
蘇東坡紀念館
南山路
淨慈禪寺
10 南屏晚鐘
章太炎紀念館與張蒼水先生祠
虎跑路
中河南路
江城路
中國絲綢博物館
10 滿隴桂雨
玉皇山路
7 玉皇飛雲
玉皇山
虎跑夢泉
南宋官窯博物館
復興大道
復興街
江中路
↓往六和塔

1

2

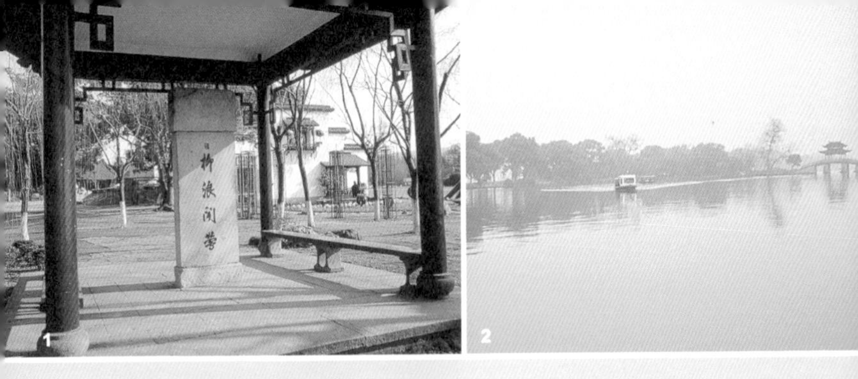

西湖攬勝

水色瀲灩晴方好，山色空濛雨亦奇；
欲把西湖比西子，濃妝淡抹總相宜。
——蘇軾

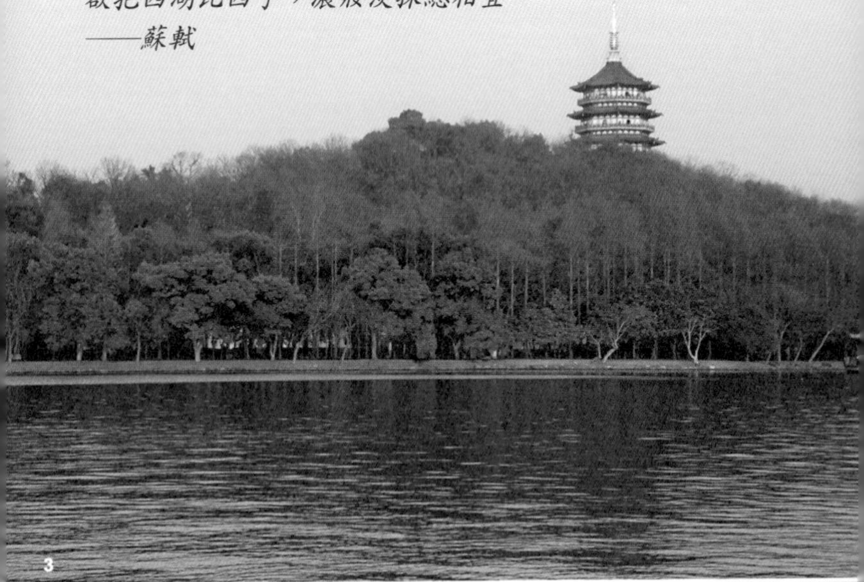

3

1.西湖名景：柳浪聞鶯 / **2.**西湖蘇堤 / **3.**西湖遠眺雷峰塔 / **4.**西湖遊湖小船 / **5.**西湖黃昏美景

4

5

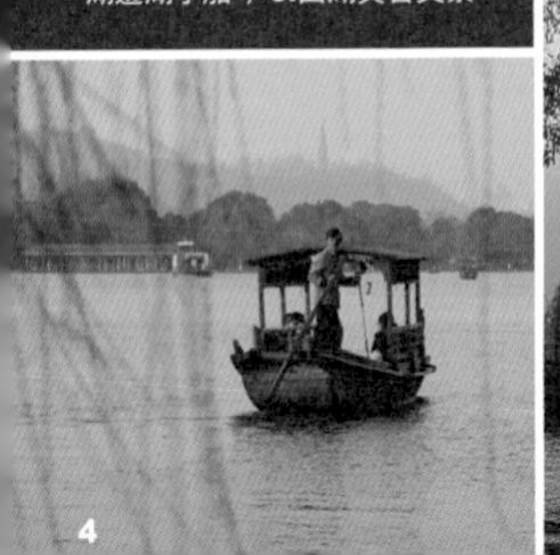

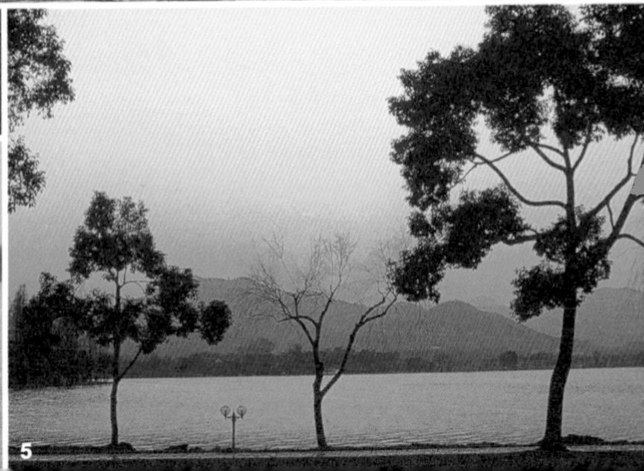

西湖是杭州最重要的景觀，如果杭州少了西湖，這旅遊城市的風光怕要大大遜色了！

西湖在歷史上有過許多名字，包括金牛湖、賢者湖、錢塘湖等，不過自從宋朝的著名文學家蘇東坡，用古代的美女西施來比喻它之後，「西湖」或「西子湖」的名稱，已經成為這一抹湖水約定成俗的說法了。

西湖的南北長3.3公里，東西寬2.8公里，環湖周長15公里，湖面面積達到5.6平方公里。地理上西湖三面環山，西方與杭州城區相接，已經成為杭州的一部分，所以被稱為「三面環山，一面城」。

西湖自古就是文人雅士吟詠賦詩的聖地，西湖的自然景觀以「一山、二堤、三島」著稱，所謂的一山是指孤山，二堤指的是蘇堤與白堤，三島則是湖中的三座小島——小瀛洲、阮公墩與湖心亭。

西湖環湖電瓶車

目前在西湖四周，有24輛不會排放廢氣的高爾夫球場電瓶車，在春秋冬季08:00～17:00、夏季08:00～22:00沿著湖畔行駛。這種車子時速只有10公里，可以緩慢的欣賞西湖之美。票價的計算有下列幾種：

- **環湖一周：** 可以搭著車子，沿著西湖環繞一圈，並且在沿路停靠4次，票價每人40元。
- **區間往返：** 在環湖沿線隨招隨停，每次到達1站，每人收費10元。
- **包車：** 遊客可以根據自己的需要與速度，包下整台車子，費用每1.5小時520元，超時每小時加收260元，聯絡電話：8797-2452。

西湖環湖電瓶車

西湖遊船

在西湖沿岸，有許多大小船隻可以供搭乘遊湖，費用如下：

- **大型遊船：** 有龍船、畫坊、平底船等各種樣式，船票每人45元，包括登島門票(小瀛洲與湖心亭)20元。
- **遊湖小船：** 每船160元。

西湖遊船售票處

西湖遊船

西湖十景

在歷史上南宋時期，曾經選出西湖最具特色的十個景觀，定名為「西湖十景」。這十處景觀，都寫成四個字的詩意表現，讓有心欣賞西湖美景的遊客逐一探訪。

西湖十景之一

三潭印月

- 西湖中的小瀛洲島
- 08:00～17:00
- 包含於遊船票中
- 搭乘遊船到小瀛洲下船
- MAP P.125

三潭印月是西湖最著名的景觀之一，所謂「天上月一輪，湖中影成三」，是指小瀛洲島附近的湖面上，有3座高約2公尺的小石塔，月明之夜在小塔的石燈籠內點上蠟燭，蠟燭的光芒外透，倒映在湖面上，與月光相輝映，變成了三潭印月的景象。

小瀛洲島是西湖裡面積最大的島，它並非天然生成，而是在明朝萬曆年間，用疏浚西湖的淤泥堆積而成。

小瀛洲是一個難得一見「湖中有島，島中有湖」的小島，島的內部又分爲4個小水塘，水塘之間又由水堤與小橋隔開，所以內部呈現一個田字形。小瀛洲上的景觀有我心相映亭、先賢亭、九曲橋、御碑亭等。

三潭印月

西湖十景之二

蘇堤春曉

- 杭州西湖西岸
- 全天
- 免費
- 搭乘公車Y1、Y2、Y3、Y9、K4路到蘇堤站下車
- MAP P.125

蘇堤又稱蘇公堤，是唐宋八大家之一的蘇軾(蘇東坡)，在北宋元祐4年(西元1089年)，用疏浚西湖所產生的淤泥堆砌而成。蘇堤春曉主要指清晨時分，湖上煙霧瀰漫，蘇堤遠看有如中國的山水畫一般，意境脫俗。

現在蘇堤上遍植桃樹與柳樹，所以當春天一到，入眼盡是桃紅柳綠，美不勝收，既可欣賞奼紫嫣紅的桃花，又可沿途欣賞湖景，是當地人散步和談戀愛的勝地。

蘇堤自古有「西湖景致六吊橋，間株楊柳間株桃」的說法，原因是在全長2.8公里的蘇堤上，共有6座橋樑，分別是映波橋、鎖瀾橋、望山橋、壓堤橋、東浦橋、跨虹橋。在元朝時，這裡是錢塘六景之一，被稱爲「六橋煙柳」。

錢塘江大橋

蘇堤春曉

西湖十景之三

平湖秋月

- 杭州西湖白堤的西端
- 茶樓08:00～17:00
- 免費
- 搭乘公車Y2、Y9、K7路到西泠橋站下車
- MAP P.125

平湖秋月位於白堤與孤山(相關介紹見P.146)的相接處，這裡一面靠山，三面環水，視野開闊，成了杭州人在中秋佳節時，結伴賞月的好景點。清朝康熙年間，這裡建有臨湖的平台，平台後蓋有御書樓，樓上就有康熙親題的「平湖秋

月」4個字。

平湖秋月樓

平湖秋月的地點，在清末民初時曾經是猶太富商哈同的宅園，大陸官方在1959年重建了兩層樓高的平湖秋月樓；在這裡一般遊客可以叫壺茶，安靜地欣賞碧波萬頃的西湖湖面景觀，月圓之夜更可賞月。

西湖十景之四

曲院風荷

- 杭州市西山路17號
- 全天
- 免費
- 搭乘公車15、28、82路到曲院風荷站下車
- MAP P.125

曲院風荷公園位於西湖西北角的岳湖邊上，這裡在南宋時原來開有一家酒坊，附近的湖面上又種滿了荷花，所以初夏時節一到，造酒的酒麴香味，配上鮮紅粉黛的荷花，爲它贏得了「麴院荷風」的雅號。

清朝康熙皇帝南巡時，當年的酒坊已不復存在，當地官員在岳湖上又重新種上了荷花，供皇帝欣賞，康熙因此題寫了「曲院風荷」4個字。

製酒雕像

目前這個公園內共有岳湖、竹素園、曲院、風荷、密林與郭庄6個景區，但是郭庄必須另外再購票。湖面上種植有各種各樣的荷花，賞荷時節一到，湖面上是一片花海。

此外，在岳湖的湖岸上，遊客也可以租自駕船遊湖。其中風荷景區內，有酒文化館，可以觀賞古代的製酒過程，也可以付費買杯酒喝喝。

西湖十景之五

雷峰夕照

- 杭州市南山路15號
- (0571)8796-4515
- 3/15～11/5 07:30～21:00
  11/6～3/14 08:00～21:00
- 40元
- 搭乘公車Y9、4、504路到雷峰塔站下車
- MAP P.125

雷峰塔在《白蛇傳》中，是非常著名的一個景觀。故事中法海和尚與白蛇鬥法，結果白蛇引錢塘江海水倒灌，水淹金山寺，造成生靈塗炭，於是被法海和尚鎮壓在雷峰塔之下。

雷峰塔位於淨寺的放生池後方，原塔建於西元975年，當時的吳越王為了慶祝妃子產子而建造，故稱黃妃塔，又稱爲西關磚塔。

明朝嘉靖年間因爲倭寇入侵，雷峰塔遭到焚毀，僅存磚石結構，後來殘塔又在民國13年倒塌，歷史上的雷峰塔因此名存實亡。不過杭州市政府爲了重現西湖十景中的「雷峰夕照」，已經在西元2002年11月重建完成，開放新雷峰塔。新塔8面5層，內部電梯可以到達4樓，雖然外表輝煌，但是內部已全無古意，唯有保留最下層原有塔基的部分，供遊人憑弔。

雷峰塔

雷峰塔外景色

西湖十景之六

斷橋殘雪

- 白堤東端與北山路接口處
- 全天
- 免費
- 搭乘公車Y2、Y9、K7路到斷橋站下車
- MAP P.125

斷橋殘雪位在白堤的東端，這裡也是《白蛇傳》裡面的著名場景，根據書中描述，青蛇與白蛇就是在遊西湖時碰到大雨，在斷橋邊上遇到許仙慷慨借傘，於是開始了這場浪漫的人蛇奇緣。

斷橋殘雪

斷橋來源的說法有兩種，一說是在古早時候，在這裡有一戶賣酒的商家姓段，因此這條橋就被稱爲段家橋。另一種說法則是，冬天時橋上積雪，等太陽出來之後，向陽面的雪融化了，但是沒照到太陽的地方依舊積雪不化，遠遠看過去就像是橋斷了一樣，因此稱之爲「斷橋殘雪」。

斷橋殘雪

西湖十景之七

花港觀魚

- 杭州市南山路花港觀魚公園
- 全天
- 免費
- 搭乘公車Y1、Y9、4路到花港站下車
- MAP P.125

花港觀魚是西湖畔最大的公園，面積超過20公頃，隔著南湖與蘇堤相對，其中牡丹園的面積就有1公頃。這裡最早是南宋皇家內侍盧允升的宅園，最早稱爲盧園。園內有紅魚池、牡丹園、大草坪、花港與叢林5個景點。

紅魚池蓄養錦鯉，遊客可以買魚飼料餵魚，牡丹亭是一座八角形涼亭，亭上的匾額是大陸知名作家茅盾的題字，由於公園內的花木是以牡丹爲主題，於是這裡就取名牡丹亭。這裡的牡丹種類很多，因爲牡丹有花中之王的雅號，所以盛開時節顏色多彩，引人入勝。這裡可以賞花，又可以觀魚，遊逛起來頗爲風雅。

花港觀魚

西湖十景之八

柳浪聞鶯

- 杭州市南山路
- 全天
- 免費
- 搭乘公車4、12、315路到柳浪聞鶯站下車
- P.125

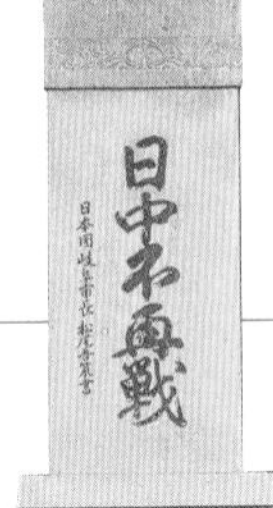

柳浪聞鶯公園面積約20公頃，位置在西湖的東南部。南宋時，這裡是杭州最大的御花園，是南宋孝宗為了奉養宋高宗而建，當時稱為聚景園。

園內遍植柳樹，春天一到黃鶯和其他鳥類，就聚集在柳樹枝頭啼鳴，所以被稱為「柳浪聞鶯」。

柳浪聞鶯公園內共有聞鶯園、友誼園、聚景園與南園4個景區，其中友誼園是為了象徵中日友誼而建，當中有一塊「日中不再戰」碑，是由日本的岐阜市於西元1963年所建造，期盼中日兩國以後能永享和平、不再互相殺伐。園內的其他景點還包括御碑亭、聞鶯館、百鳥天堂等。

西湖十景之九

雙峰插云

- 雙峰插云御碑亭位於洪春橋附近
- 全天
- 免費
- 搭乘公車Y3、7、27路到洪春橋站下車
- P.124

雙峰插云是指位於西湖邊上的南高峰與北高峰，兩者的高度都分別只有254與314公尺，但是因為西湖邊上的山峰高度都不高，所以相形之下，此二峰就顯得高巍許多。

雙峰中的北高峰，目前可以搭乘纜車前往，但是在西湖邊上就可以觀看這兩座相距約5公里的山頭。

西湖十景之十

南屏晚鐘

- 杭州市南山路56號
- (0571)8797-5135
- 06:00～17:00
- 10元
- 搭乘公車Y2、4、504路到淨慈寺站下車
- MAP P.125

南屏晚鐘是台灣早期著名的流行歌曲，也是西湖十景之一，它所在的位置是淨慈禪寺。

淨慈禪寺是杭州著名的古刹之一，南宋時被定位爲五山十刹中的第五位，最早建於五代的後周顯德元年(西元954年)，原名是慧日永明禪院，到南宋時才改稱此名，與靈隱寺等並稱「西湖四大叢林」之一。

淨慈禪寺內的大鐘，屢有替換，明代時曾經鑄有一口重達10噸的大鐘，現在鐘樓內的青銅大鐘，高度達3公尺，由中日兩國共同出資，鑄於1986年，重量則超過10噸。遊客只需要付費2元，就可以排隊敲鐘，過過癮頭。

淨慈禪寺

知識充電站

南屏晚鐘命名的由來，是因為淨慈禪寺位於西湖邊的南屏山腳下，寺裡自創建時就鑄有銅鐘一座。

傍晚時分，寺內鳴鐘召集僧人晚課，鐘聲迴盪於西湖邊上，因此稱為南屏晚鐘。

南屏晚鐘　　南屏晚鐘碑亭

西湖新十景

西元1985年，透過杭州市民的評選，又選出舊十景之外的「新西湖十景」，這十處景觀，都寫成四個字的詩意表現，讓有心欣賞西湖美景的遊客逐一探訪。

西湖新十景之一

阮墩環碧

- 西湖中阮公墩小島
- 08:00～17:00
- 20元
- 搭乘西湖遊船前往
- MAP P.125

阮公墩是西湖中的3個小島之一，1800年時，浙江巡撫阮元爲了疏浚整治西湖，用湖中的淤泥所堆積而成，所以稱爲阮公墩，又因島上土質鬆軟，所以又被當地人笑稱「軟公墩」。

1982年當地政府在島上建了一座環碧小築，島上才開始有了建築物，因此以「阮墩環碧」的名稱入選西湖新十景。目前島上最大的特色，是在夏秋時節有夜遊活動，一艘艘湖船來到岸邊，由著古裝的家丁迎接上島，島上有拋繡球、乾隆下江南等節目。

西湖新十景之二

黃龍吐翠

- 杭州市曙光路69號
- (0571)8797-2468
- 08:00～17:00
- 15元
- 搭乘公車Y5、16、28、66路到黃龍洞站下車
- MAP P.125

黃龍吐翠位於黃龍洞風景區，目前被闢爲圓緣民俗園。黃龍洞得名的由來，是因爲山後有一處湧泉，湧泉的洞口形狀如龍口，因此命名爲黃龍洞。

黃龍洞位於西湖北側棲霞嶺山麓，是一座以假山流水爲主題的庭院式園林，民俗園的造園特色，是將亭廊松竹與池塘流水，溶入山景之中，園內種有十幾種竹子。在民俗園裡有戲曲大看台與江南絲竹表演，主要景點包括方竹園、投緣池、同心鎖、月老祠與緣石等。

西湖新十景之三

虎跑夢泉

- 杭州市虎跑路39號
- 06:00～17:30
- 15元
- 搭乘公車Y5、4、504、527路到虎跑站下車
- MAP P.125

唐朝的茶聖陸羽在寫作《茶經》一書時，曾將虎跑泉評定爲「天下第三泉」，因此虎跑泉與龍井茶，齊被稱爲杭州飲茶文化的雙絕。

公園內有五百羅漢堂、濟癲塔院、鐘樓、五代經幢、弘一大師李叔同紀念室等景觀，其中濟癲塔院與李叔同紀念室，分別記錄了濟公活佛與弘一大師李叔同的生平事蹟。

此外，公園內還有虎跑夢泉石雕像，記錄虎跑泉發現的由來，也有茶室可以用虎跑泉泡茶，至於在出口處下游的聽泉所在地，許多當地民眾更是準備了水桶，排隊來此汲水。

知識充電站

虎跑公園位於西湖西南方的虎跑路上。相傳唐朝元和年間，雲遊四方的性空大師來到此地，準備結爐建寺，但是苦於沒有水源。一天晚上，他夢到神明指示，南嶽衡山有童子泉，將派遣兩隻老虎攜帶而來。夢醒之後，他在門外果然看到兩隻老虎用爪子在刨地，不久便湧現出泉水，這就是虎跑泉的由來。

西湖新十景之四

寶石流霞

杭州市北山路
(0571)8798-1489
08:00～17:00
5元(抱朴道院)
搭乘公車Y9、K7、16、27路到葛嶺站下車
MAP P.125

寶石流霞指的是西湖北方的寶石山，因爲山上礦石富含氧化鐵，紅赭色的山壁在陽光照耀下，泛出淡淡光芒，故稱寶石流霞，只是平常時間不容易看得出來。

寶石山上有一座7層的佛塔，稱爲保俶塔，可以從保俶路登山到達；如果是從葛嶺登山，則會到達抱朴道院。

葛嶺高度是125公尺，相傳東晉葛洪曾經在這裡煉丹，所以取名葛嶺。抱朴道院是杭州目前唯一也是最早的一座道觀，葛洪自號報朴子，所以這裡就取名「報朴廬」。

抱朴道院

抱朴道院

報朴道院由一座黃色圍牆圍繞，道院依山而建，內部有殿堂、煉丹台、煉丹井等景觀，於1984年修護開放。

葛嶺入口

西湖新十景之五

吳山天風

- 杭州市河坊街
- (0571)8703-5091
- 07:30～21:30(城隍閣)
- 30元(城隍閣)
- 搭乘公車Y8、8路到吳山廣場站下車
- MAP P.125

吳山又稱城隍山、胥山、㸍網山，由於位居西湖與錢塘江之間，自古是眺望西湖與錢塘江的地點。

吳山城隍閣風景區自2000年2月，正式對外開放。風景區內共有城隍閣區、廟會區和七寶山大觀台3個功能區，總面積約8公頃，目前只開放城隍閣區，其他區域還在興建當中。

本區主要的景點包括城隍閣、周新紀念館、酒仙樓、文昌閣、儀門、碑亭、吳越文化石刻廣場等。城隍閣是一座現代的7層仿古建築，高41.6公尺，內部展示杭州的歷史文化。

旅行小抄

在吳山腳下，有座1999年竣工開放的吳山文化廣場，廣場邊上一座暗紅色的岩石上，有大陸書法家費新我手題的「吳山天風」4個大字。這裡在假日夜晚，常有文物交易的市集。

西湖新十景之六

龍井問茶

- 杭州市龍井村獅峰148號
- (0571)8796-1002
- 08:30～21:00
- 35元(龍井山園)
- 搭乘公車Y3、27路到龍井山園站下車
- MAP P.124

龍井位於西湖西南鳳凰嶺上的龍井村，相傳清朝乾隆皇帝在遊西湖之後，曾經來此地取井水泡茶，覺得茶味甘爽可口，於是封當地的18株茶樹爲御茶。

龍井泉是杭州三大名泉之一，龍井茶又是大陸的十大名茶，好水配好茶，自然是品茗勝地。

目前在老龍井的附近，建有現代化的遊樂區——龍井山園。園內以眞山、眞水、人文傳統與綠色野趣爲號召；景觀有乾隆皇帝曾經駕臨的御茶坡、名作家郁達夫曾經留下足跡的達桂林、茶藝長廊、森林霧場與體現南宋茶風的鬥茶、鬥蟋蟀與鬥雞等。此外還有茶歌、茶舞和大型歌舞劇「相約龍井」的表演。

老龍井泉

西湖新十景之七

玉皇飛雲

杭州市玉皇山路
06:30～18:00
10元
搭乘公車12、809路到玉皇飛雲站下車
MAP P.125

玉皇飛雲位於西湖南方的玉皇山上，山頂的登雲閣可以俯瞰錢塘江與西湖，由於登高攬勝，直入雲霄，所以取名玉皇飛雲。

登玉皇山是一項很好的運動，因爲玉皇山高度242公尺，登山石階共有2,600多級。玉皇山的景觀有福星觀、紫來洞、七星亭與慈雲嶺造像等。

其中慈雲嶺造像是五代後晉天福7年(西元942年)時，由吳越王錢洪俶所修建，是難得一見的五代石雕造像。紫來洞位於玉皇山腰，是一座大型的天然石洞，爲一道教聖地，也是西湖的七大古洞之一。

七星亭

紫來洞

七星亭位於紫來洞附近，涼亭之前有七口清朝雍正年間鑄造的大鐵缸，風水上是用來鎮壓山上的火龍，防止森林大火。

西湖新十景之八

雲栖竹徑

杭州市西南的雲栖塢
全天
8元
搭乘公車Y4、324路到雲栖竹徑站下車
MAP P.124

雲栖竹徑位於杭州市西南的雲栖塢裡，這裡密竹成林，安靜幽深，相傳康熙與乾隆皇帝在下江南時，都曾來過這裡遊覽，所以留有御道的遺跡。

西湖新十景之九

九溪煙樹

- 杭州市九溪路
- 07:30～16:30
- 九溪煙樹免費，九溪瀑布2元
- 搭乘公車Y5、K4路到九溪站下車
- MAP P.124

九溪煙樹所在地是風景區「九溪十八澗」，所謂的九溪，分別是青灣、宏法、雲栖、百丈、方家、渚頭、小康、唐家、佛石等九條小溪，這九條小溪在這裡匯流之後注入錢塘江，因爲水煙瀰漫於樹叢之中，所以稱爲九溪煙樹。

九溪煙樹的終點，有一處九溪瀑布，需要購買門票才能夠進入，在瀑布旁邊有座九溪煙樹碑亭。

九溪瀑布

西湖新十景之十

滿隴桂雨

- 杭州市滿覺隴路
- 08:30～16:00
- 滿隴桂雨免費，附近兒童公園15元
- 搭乘公車Y3路到動物園站下車
- MAP P.125

滿隴桂雨位於虎跑路旁的滿覺隴上，這裡原來建有佛寺，但現在已經傾廢。桂花是杭州的市花，而滿覺隴自明代開始，就栽種了很多的桂花樹，所以每年秋天一到桂花盛開的季節，就會在這裡舉行西湖桂花節，這已經成爲當地傳統。

由於這裡與杭州動物園相鄰，所以可以購買聯票。

九溪煙樹碑亭

滿隴桂雨

【靈隱寺】

- 杭州市法云弄1號　(0571)8796-8665
- 07:00～17:00
- 靈隱寺與飛來峰景區聯票45元，但如要進入靈隱寺參觀必須再額外購買30元的門票
- 搭乘公車Y1、Y2、K7、807路到靈隱站下車
- MAP P.124

靈隱寺又名雲林禪寺，是佛教禪宗的十大名剎之一，也是杭州著名的古蹟。最早創建於東晉咸和元年(西元326年)，距今有1,600多年的歷史。當時由印度僧人慧理所建，所謂的「靈隱」，是取「仙靈所隱」的意思。

靈隱寺是由大雄寶殿、藥師殿、天王殿、五百羅漢堂所組成。其中大雄寶殿內，有一尊用香樟木雕刻而成的釋迦牟尼佛，高度約25公尺，是目前大陸境內最大的木雕坐式佛像。

五代經幢

大雄寶殿外的兩座經幢建於五代，雖然腐朽破爛，但卻是未重修過的古蹟。五百羅漢堂內有真人大小的銅鑄羅漢像上百尊，栩栩如生，是大陸最大的羅漢堂；但是由建築物與銅像本身，便可看出是近年重建的產物。

靈隱寺

靈隱寺曾經在1953、1975、1987年三度進行整修，目前是以「以寺養寺」的方式，用門票與香油錢的收入，投入寺廟的重修作業。

【飛來峰石刻】

- 杭州市靈隱路
- (0571)8796-8580
- 07:00～17:00
- 45元
- 同靈隱寺
- P.124

飛來峰石刻位於靈隱寺對面，兩者可以算是同一個景區。飛來峰的高度只有209公尺，有一種天外飛來的感覺，所以稱爲飛來峰。

飛來峰的岩壁上面，共有三百多尊石刻佛像，分別完成於五代、宋、元等時期。石雕中最早的創作是在五代的後周時期，其中令人印象最深刻的是抱著肚子露出笑臉的大肚彌勒佛像，此像大約完成於南宋時期。

【六和塔】

- 杭州市之江路16號
- (0571)8659-1364
- 06:00～18:30
- 20元
- 搭乘公車4、308、514路到六和塔站下車
- P.125

六和塔位於杭州南方的之江路上，緊鄰錢塘江大橋，這裡由於居高臨下，視野開闊，可以俯瞰錢塘江，與跨越其上的錢塘江大橋。

六和塔創建於北宋開寶3年(西元970年)，距今已有千年歷史，名字是取「天地四方和合」之意。現在所見的磚塔結構，是於南宋時期所重建，塔高60公尺，外表看似一座13層的佛塔，但是內部實際只有7

層，目前是大陸的全國重點文物保護單位。

六和塔的一樓也是古塔博物館，有大陸著名古塔的資料，後山還有一處中華古塔苑。

【岳王廟】

- 杭州市北山路80號
- (0571)8798-6653
- 07:30～17:00
- 25元
- 搭乘公車Y2、Y3、K7、27路到岳廟站下車
- MAP P.125

岳飛廟與岳飛墳墓同在一個地方，位置是在西湖北岸，曲院風荷(相關介紹見P.131)與孤山(相關介紹見P.146)之間的棲霞嶺。岳飛墓建於南宋龍興元年(西元1163年)，墓碑上刻有宋岳鄂王墓，旁邊是岳飛長子岳雲的墓，墓碑前有6座明代遺留下來的石昆仲與石獸。岳飛墓前的門樓上寫有「青山有幸埋忠骨，白鐵無辜鑄佞臣」的對聯，用來比喻門前所鑄的的4座跪立鐵像，他們分別是陷害岳飛致死的秦檜夫婦、張俊與萬俟松。

岳王廟

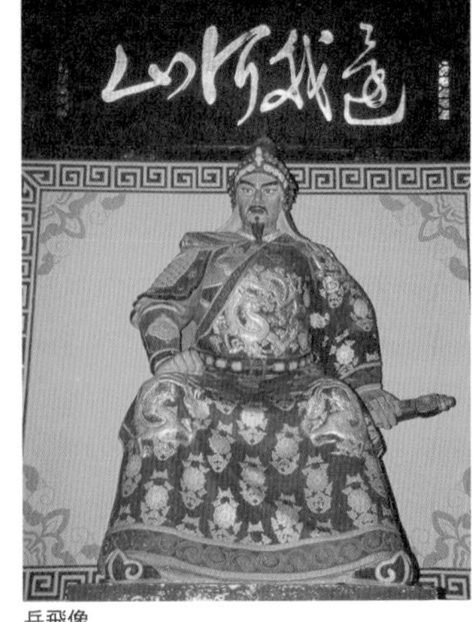

岳飛像

岳王廟的建造年代在岳飛墓之後的南宋嘉定14年(西元1221年)，現廟中有身披戎裝的岳飛塑像，高度4.5公尺，塑像後方有「還我河山」4個大字，是依岳飛手跡所雕刻製成。岳王廟旁設有岳飛史蹟陳列室，表列出岳飛的生平事蹟。

岳飛墓前石昆仲

知識充電站

岳飛小傳

岳飛墓

岳飛字鵬舉，河南湯陰人，少家貧力學，尤好《左傳》與《孫吳兵法》。岳飛出生時，正值金人南侵，所以岳母在岳飛背上刻上「精忠報國」4字，希望他能驅逐異族。

岳飛帶兵素以軍紀嚴明著稱，岳家軍向來有鐵軍之稱，在南宋初年的幾場戰役中，曾經大挫金兵。當西元1140年岳飛進兵朱仙鎮，準備直搗黃龍，進攻汴京時，金人威脅南宋高宗趙構，如果放任岳飛進兵，就將俘虜的徽欽二帝放回。

秦檜夫婦跪像

迷戀帝位的趙構於是用12道金牌召回岳飛，並用莫須有的罪名將岳飛一家滿門抄斬。直到宋孝宗時，才將岳飛平反，並且封鄂王，改葬於栖霞嶺。

【鳳凰寺】

- 杭州市中山中路227號
- (0571)8706-2165
- 08:00～17:30
- 免費
- 搭乘公車8、814、K7路到鳳凰寺站下車
- MAP P.125

鳳凰寺是中國東南沿海的四大回教寺院之一，最早建於唐朝貞觀年間，宋朝時被大火焚毀，後來在元世祖至元18年時由波斯人出資重建，明朝與清朝時均有增建。鳳凰寺位於南宋御街上，是御街難得一見的清眞教古蹟。

鳳凰寺

鳳凰寺原名文錦坊回回堂，後來因建築布局型似鳳凰，在清朝時改稱鳳凰寺。寺內主要建築是「無樑殿」禮拜堂，這間禮拜堂面向聖城麥加，是回教徒聚集禮拜的地方。

【孤山】

✉ 西湖北端蘇堤與白堤之間
◷ 全天
$ 免費
➡ 搭乘公車K7、27、81、850路到西泠印社站下車
MAP P.125

孤山是位於西湖邊上的一座天然小島，因孤立於西湖一隅而得名，目前有西泠橋與北山路相連接。

孤山的面積不大，只有約20公頃，高度也只有40公尺，但是因為位於西湖之中，盡得湖山之勝，所以自古便有「錢塘之勝在西湖，西湖之奇在孤山」的說法。

孤山島上有聞名的樓外樓餐廳(相關介紹見P.185)，還有中山公園、西泠印社、放鶴亭、秋瑾墓等景觀。其中中山公園原來是南宋時的行宮，稱為孤山行宮或太乙宮，民國16年時，為了紀念國父孫中山先生，才改名中山公園。

孤山公園

園內有假山、涼亭、水池，尤其東側一稱為西湖天下景與綠雲徑的地方，據說是原來南宋行宮的一部分。放鶴亭是為紀念北宋隱士林和靖，因為他曾經隱居孤山，以種梅養鶴為樂，時稱「梅妻鶴子」。

旅行小抄

中山公園內的「孤山」題字中，孤字少了一點，據說是南宋竣刻時，特別製作，表示孤山不孤的意思。

【秋瑾墓】

- 杭州西湖孤山
- 全天
- 免費
- 搭乘公車K7、27、81、850路到西泠印社站下車
- MAP P.125

秋瑾是民國革命中，巾幗不讓鬚眉的典範，她的詩文俱佳，其中有許多詠嘆西湖的詩作。民國成立後，國父孫中山先生曾親自到秋瑾墓祭悼。

不過秋瑾的墳墓多年來數度搬遷，1981年重建於西湖孤山的西泠橋畔，目前有一尊比眞人略大的漢白玉雕像立於墓前，雕像手持寶劍、英姿煥發。秋瑾最後歸葬於她最喜歡的西湖景色之中，應可聊慰這位巾幗英雄的志願！

知識充電站

秋瑾(1875～1907年)，浙江省紹興人。字卿，號競雄，自號鑒湖女俠。

秋瑾曾自費留學日本，並且積極從事反清的革命活動，曾經加入清末革命組織光復會與同盟會等，並曾任同盟會浙江省主盟人。她從日本回國後，曾經創辦銳進學社、中國公學、中國女報、白話報，並曾主持大通學堂。

秋瑾後來組織光復軍，並計劃與徐錫麟共謀舉事，結果徐因為在安慶起義失敗，革命組織受到清廷破獲，秋瑾被捕。

【杭州碑林】

- 杭州市勞動路65號
- 08:00～17:00
- 免費
- 搭乘公車Y8、8路到吳山廣場站下車
- MAP P.125

杭州碑林是一座少見以碑刻爲主題的展覽場所，位置在古代杭州孔廟的舊址上，這裡因爲街道狹小不易尋找，入口處還有一些民居，自吳山廣場(相關介紹見P.139)徒步到這裡約需10分鐘。

碑林內部共存有古代的石碑、帖與墓誌等四、五百件，其中以五代時期的石刻最爲珍貴。對於石刻或書法有興趣的人，猶如一座寶庫，但是就一般遊客而言，這裡不免過於殘破枯燥。

【胡雪巖故居】

- 杭州市元寶街18號
- (0571)8682-1131
- 08:00～16:30
- 20元
- 搭乘公車Y8、8、25路到鼓樓站下車
- MAP P.125

胡雪巖故居建於同治11年(西元1872年)，當時胡雪巖以鉅資在杭州的元寶街，營建這座華麗異常的園林宅第。占地10.8畝，共費時3年才建成，是晚清富家建築的代表作，當時有「中國第一豪宅」之稱。

胡氏故居由於年久失修，1999年11月由杭州市文物保護管理所進行修護，到2001年1月才全部修護完成，這座一代鉅商的豪宅才得以重見天日。

胡雪巖故居由東、西、中共3組建築群，13座樓房所構成。中軸建築群以正廳百獅樓爲中心，是接待賓客的地方。西部是水池庭園——芝園，由清代造園名家尹芝所設計，有「無品不精，有形皆麗」的美譽。東部則是居住式的庭院。

胡雪巖故居除了傳統江南園林的特色之外，還採取了近代西方建築的若干設計，包括水晶吊燈、彩色玻璃等，讓這座傳統園林散發出一種中西合璧的味道。

胡雪巖是清朝末年的紅頂商人，幾年前台灣作家高楊以小說文體，所寫的胡雪巖生平，曾經引起相當的注目，也曾多次搬上電視螢光幕，成爲家喻戶曉的故事。

知識充電站

胡雪巖小傳

胡雪巖故居

胡雪巖(西元1823～1885年)字光墉，杭州人。胡少年時因為家貧，曾在杭州一家錢莊當學徒，並因故結識潦倒的官吏王有齡，當時胡為了幫助王有齡而致失業，但是也因此與王結成莫逆。後來王有齡當上浙江巡撫，在王的幫助之下，胡雪巖開始創辦阜康錢莊，崛起於商界。

胡做生意的原則是「沒有永遠的敵人，只有永遠的利益」，所以廣結善緣，又善於觀察客觀局勢的變化，所以能無往不利。

胡雪巖在全盛時期，除了經營錢莊之外，還兼營當鋪、房地產、軍火、糧食、絲綢等，後來又在杭州創辦胡慶餘堂國藥號，成為江南首富。最後胡雪巖在西洋商人的排擠與陷害之下，生意失利，於1884年破產，並於次年病逝，身後潦倒，又回復一無所有的局面。

【郭庄】

- 杭州市楊公堤28號
- (0571)8798-6026
- 08:00～17:30
- 10元
- 搭乘公車Y5路到杭州花圃站下車
- MAP P.125

郭庄又名汾陽別墅，建於清咸豐年間(西元1851～1861年)，原來是絲綢商宋端甫所修建，後來歸郭士林所有，故名「郭庄」。這座江南園林清淡高雅，由建築中多用到黑瓦白牆，就可體會。這座園林兼採蘇州與紹興之長，主要的景觀有賞心悅目亭、景蘇閣、乘風邀月軒等。

【慕才亭】

- 西湖西泠橋畔
- 全天
- 免費
- 搭乘公車K7、27、81、850路到西泠印社站下車
- MAP P.125

「妾本錢塘江上住，花落花開，不管流年度。」慕才亭位於北山路上西泠橋畔，而西泠橋是西湖的三大情人橋之一。杭州情侶散步到這裡多會稍加休息，同時說說慕才亭的主角蘇小小的故事。

【武松墓】

西湖武松墓位於慕才亭旁邊，在小說《水滸傳》中，武松打虎向來是極富傳奇性的一章。根據水滸傳中的描述，武松後來在杭州出家，並且葬於此地。目前西湖旁的武松墓，是於民國13年所修築，民國53年被破壞，民國93年(西元2004年)時，杭州市政府為了提振傳統文化來促進觀光，於原址重建武松墓。

知識充電站

蘇小小的故事

蘇小小是五代時，錢塘江附近的一個歌妓，由於才貌出眾，拜倒在她石榴裙下的公子哥兒無數。她非常喜歡西湖的風光，時常坐油壁車遊西湖。

胡雪巖故居

有一天她遇見了一個落魄書生鮑仁，因為欣賞其才華，便資助他進京趕考。鮑仁後來得中功名，官至滑州刺史，但是蘇小小不久卻因病去世，鮑仁於是將她葬在西湖畔，在墓旁建一座慕才亭，並在亭上題了對聯「湖山此地曾埋玉，花月其人可鑄金」。

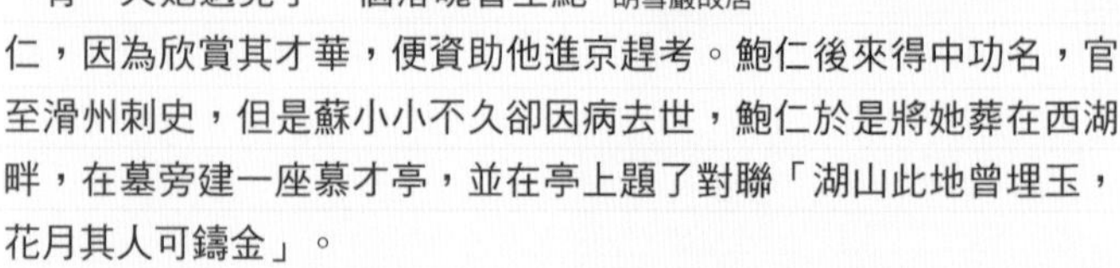

原來的蘇小小墳墓已經消失，近年當地政府自作聰明，又搞了一個假的蘇小小墓在慕才亭內，慕才亭一旁也搞一座假的武松墓，顯得有些不倫不類。至於蘇小小的故事，則多次出現在戲劇之中。

【西泠印社】

✉ 杭州市孤山路31號
🕒 08:30～16:30
$ 免費
➡ 搭乘公車K7、27、81、850路到西泠印社站下車
MAP P.125

印學博物館

清朝末年，浙派印學人士時常群聚在西湖邊上討論，久而久之形成團體，並且在孤山(相關介紹見P.146)的一個角落購買土地興建房舍。民國2年(1913年)這個團體正式成立，因為房屋位在西泠橋畔，故取名西泠印社。

西泠印社既然是一個以「保存金石，研究印學」的團體，所以內部的館藏自以印學為主。首任館長吳昌碩曾任知縣，本身就是一位印學大師。

印社內部是典雅的江南園林，主要景點包括吳昌碩紀念館、華嚴經塔、漢三老石室、四照閣、柏堂、竹閣、觀樂樓、碑廊、丁敬像等，對於印學有興趣的遊客，可不容錯過。西泠印社的旁邊還有一處印學博物館，展出中國的印學作品，與西泠印社的風格融為一體。

知識充電站

印學又稱金石學，是一門集書法與雕刻的藝術，在杭州的印學門派稱為浙派，該派開創人是清朝乾隆時期的丁敬，後來還有一位黃易，兩人並稱丁黃。

【亭灣騎射】

✉ 杭州市湖濱公園內
🕒 全天
$ 免費
➡ 搭乘公車Y1、Y2、Y3路，到公園站下車
MAP P.125

亭灣騎射目前是西湖湖濱公園上的一個免費景點，在清朝時則是「西湖18景」之一。史料上記載，這個位置古代曾經有一個黑色涼亭，矗立於一片荷花之中。在電視《雍正傳奇》中曾經出現的配角李衛，在擔任浙江總督時，在這裡重建涼亭——集賢亭，並且提供給八旗子弟練習騎射之用，因此稱爲「亭灣騎射」。當地政府在2002年重建這個景點，成爲湖濱公園上吸引遊客的新景點。

集賢亭

【于謙故居】

✉ 杭州市清河坊祠堂巷41號
🕒 08:00～17:00
$ 免費
➡ 搭乘公車Y8、8、25路到鼓樓站下車
MAP P.125

位於清河坊古街附近的于謙故居，安靜的位處在祠堂巷的一角，這裡平日遊人很少，建築的目的是用來紀念明朝的著名賢臣于謙。

于謙的故事發生在明朝正統14年(西元1449年)，當時蒙古瓦剌部進攻明朝，明英宗受到太監王振煽惑，率領50萬大軍御駕親征，結果在土木堡兵敗被俘，蒙古軍並兵臨北京城下。當時兵部尚書于謙，因爲朝中群龍無首，擁立英宗弟朱祁鈺即位爲景帝，並且率領北京軍民打敗蒙古軍，解北京之圍。

後來蒙古軍釋放英宗回朝，8年後英宗趁景帝病重，發動政變復辟，再登皇帝位，並以謀逆罪捕殺于謙，成爲千古冤案。明憲宗即位後，恢復于謙名譽，並改于謙故居爲憐忠祠，巷道改爲祠堂巷。

目前故居內有忠肅堂、思賢庭等建築，並有于謙生平事蹟介紹。于謙其人清白高尚，所寫「石灰吟」詩作，最爲有名，可說是一生寫照，原作如下：「千錘萬擊出深山，烈火焚燒若等閒，粉身碎骨渾不怕，要留清白在人間」。

【錢王祠】

- 杭州市錢王祠路1號
- (0571)8707-7321
- 08:00～17:00
- 15元
- 搭乘公車Y9、4、12、25、102路到錢王祠站下車
- MAP P.125

在2002年重建的錢王祠，位於柳浪聞鶯風景區附近，這是當地居民爲了紀念唐朝末年五代十國時期的吳越王錢鏐所建。

錢王祠原名表忠觀，最早建於北宋熙寧10年(公元1077年)，明朝嘉靖年間，錢王祠遷到目前位置。共產黨統治大陸之後，錢王祠受到破壞，一度改爲動物園，近幾年在旅遊熱之下，開始重建開放。

五代十國是一個征戰頻繁的動亂年代，但是以杭州爲中心的吳越國，在國王錢鏐的統治之下，輕徭薄稅、保境安民、疏浚西湖、發展貿易，使得杭州成爲當時東南最繁華的地區。直到北宋興起後，才和平歸順朝廷。

錢王塑像

錢王祠內有五王殿、大戲台、正門、獻殿、大殿、寢殿等建築，祠旁的的通道上有連續5座牌坊，象徵吳越國5任國王對當地的貢獻，通道的盡頭，則有一座錢鏐的塑像。

錢王祠旁的5座牌坊

【西湖天地】

- 杭州市南山路147號
- (0571)8702-6161
- 10:00～01:00
- 免費
- 搭乘公車K4、12、K12、30、K30路到涌金門站下車
- MAP P.125

西湖天地旁水滸傳張順塑像

華繽霓義大利餐廳

在上海成功規劃改造「新天地」時尚旅遊區的香港瑞安集團，在杭州西湖柳浪聞鶯景點附近，再度規劃推出「西湖天地」旅遊區。

這整座占地5萬平方公尺的區域裡，是以杭州傳統園林與歷史風貌爲基礎，結合懷舊與時尚，改造成包括餐飲、零售、文化、娛樂的綜合性商業區。

目前西湖天地中的店家，包括星巴克咖啡館、哈根達斯冰淇淋店、湖蝶酒吧、比薩巴薩餐廳、華繽霓義大利餐廳、茶酒年代、西湖翡翠花園酒家、牙買加咖啡店、伊家鮮餐廳、奧斯多納滋、翡翠音樂酒吧、新一代藥店等等。由於標榜時尚，所以這裡的消費並不便宜。

【鼓樓】

- ✉ 杭州市中山路與望江路的交叉口
- ⏲ 08:00～17:30
- $ 入園票10元，瓦肆之宋宮傾城演出158元
- ➡ 搭乘公車Y8、8、25路到鼓樓站下車
- MAP P.125

杭州鼓樓位於中山路與望江路的交叉口，是南宋御街南端的起點。鼓樓最早是五代時期的吳越王錢鏐所建，原名朝天門，置大鼓供城防與報時之用，因此又稱爲鼓樓，距今已有1,400多年歷史。鼓樓在南宋定都臨安時期發展到了最高峰，當時有前朝後市的說法。

不過原來的鼓樓遺跡，在中國文化大革命期間被徹底搗毀，直到2001年才由杭州市政府進行重建，並且成爲御街與河坊街觀光區的景點之一。

勾欄瓦肆鼓樓茶苑

目前在鼓樓上建有南宋瓦肆表演舞台，提供遊客現場看表演，演出內容有歌舞與雜技等，演出內容時常改變，票價也會根據演出內容調整，最好在售票處先詢問。

1.杭州鼓樓／2.鼓樓的古裝守衛／3～5.勾欄瓦肆鼓樓茶苑傳統技藝表演

印象西湖

印象西湖是大陸導演張藝謀、王潮歌與樊躍，在桂林成功推出「印象劉三姐」之後，再接再厲在杭州西湖推出的一齣實景秀。

這場表演的舞台位在岳王廟對面的岳湖，座位共有1,800個位置在樓外樓餐廳外面的停車場。座位看台是移動式，白天看不出來，不影響周邊景觀，到了傍晚才架設出來。

整場演出是以西湖的自然山水景觀作爲表演舞台，並由日本知名作曲家喜多郎編曲，因爲電視選秀節目超級女聲出名的歌星張靚穎演唱。整場表演是以家喻戶曉的愛情故事《白蛇傳》爲主軸，包括有相遇、相愛、離別、追憶與印象五幕，演出中運用大量水景，因此整場戲看下來，演員的衣服都是溼的。印象西湖的票價250元起跳，

倒是一點也不便宜；每天演出分爲兩場，其中19:45的第一場觀眾比較多，21:15的第二場觀眾較少，如果有意觀賞最好事先購票，以免向隅。

information

- www.hzyxxh.com
- 杭州市西湖岳湖
- (0571)8796-2222
- 19:45、21:15
- 260～450元
- 搭乘K7、K27、81路公車到岳王廟站下車
- P.125

旅行小抄

印象西湖的座位除了450元起跳的畫舫區外，其他的座位都是露天的，因此在下雨時必須有淋雨的準備，這時表演單位雖然會提供拋棄式的雨衣，但是整場演出看下來仍不免溼透。在預定門票前，最好注意當天的氣象預報，如果有大雨特報，改期觀賞是比較好的決定，即使是小雨的天氣，隨身帶一把雨傘，比起現場提供的雨衣，也有較好的效果。

西溪溼地

西溪溼地的全名是「西溪國家溼地公園」，位置在杭州市區的西邊，距離西湖風景區約5公里。西溪溼地是由6條河流交匯所形成的溼地地形，歷史上占地曾經廣達60平方公里，目前則規劃成約12平方公里的溼地公園。

和西湖人工化的景緻不同，西溪溼地特別著重綠化的維持，即使是人工建築也以復古為主軸。其實西溪溼地在杭州並不是一個新的景點，但是以前遊人很少，2009年由大陸導演馮小剛導演，舒淇與葛優主演的愛情喜劇《非誠勿擾》，在大陸賣座超過3億4千萬人民幣，大

破許多票房紀錄。在片中多次出現的西溪溼地風景，因此鹹魚翻身，成了杭州熱門的旅遊景點。

西溪溼地有幾個入口，主入口位於周家村，從這裡出發總共有長達8公里的旅遊步道，全部走完約需3個半小時。主要景點有13個，分別是周家村主碼頭、梅竹山莊、泊庵草堂、烟水魚庄、西溪水閣、深潭

西溪溼地因為電影《非誠勿擾》而聞名，有拍攝地點的標示

1.西溪國家溼地公園／2.梅竹山莊／3.草堂禪茶／4.西溪人家／5.西溪溼地周家村主碼頭

口、西溪梅墅、秋雪庵、西溪桑蠶、西溪人家、蝦龍灘與溼地植物觀賞區等。實際走在步道上，猶如進入一座大型的綠色迷宮，尤其溼地內氣候非常潮濕，因此走在裡面並不舒適。

另外一種旅遊西溪溼地的方式，則是像《非誠勿擾》電影裡的舒淇一樣，以船代腳，搭著小船沿著河道到處遊逛。搭船的費用人力的搖櫓船是每船1小時100元，機械動力的電瓶船則是每人60元。

西溪溼地竹林小徑

旅行小抄

西溪溼地是以「水」為主題的沼澤公園，園內人工建設不多，以呈現自然的綠意為主，但是也因為這裡氣候潮溼，隨便一走就容易滿身大汗。遊覽西溪溼地以金秋送爽的季節最為適宜，在這個時節有些樹葉已經變色，氣候也比較乾燥，租個手搖船沿著不知名的小溪四處遊蕩最為愜意。

information

- 杭州市天目山路
- (0571)8810-6688
- 08:00～17:00
- 80元
- 搭乘觀光1號線、公車Y13、K86、K193、K310、K506、K823、830路，到西溪溼地公園站下車
- MAP P.124

【杭州植物園】

- www.hzbg.cn
- 杭州市桃園嶺1號
- (0571)8788-9153
- 07:00～17:30
- 10元
- 搭乘公車28/K28、82/K82、15/K15路到玉泉站下車
- MAP P.124

杭州植物園建於1956年，占地有1公頃，園內共栽種有3,400多種植物，是大陸最具規模的植物園之一。園內共分爲植物分類區、觀賞植物區、竹類植物區、果樹區、經濟植物區與引種繁殖區6個區域。

此外，西湖三大名泉之一的「玉泉」，也位在植物園內，玉泉目前所在地已建爲庭園，而且有多個魚池，所以有玉泉觀魚的說法，玉泉院內有一名爲「古珍珠泉」水井，名稱源自於泉中有小氣泡冒出，故稱爲古珍珠泉。

古珍珠泉

旅行小抄

從玉泉旁邊直走，還可以來到另一處勝景「靈峰探梅」。這裡植有梅樹五千多棵，種類有五十餘種，許多種植的年代久遠。這些古梅樹以早開晚謝著名，是杭州市裡重要的賞梅地點。

【西湖博物館】

杭州市南山路89號
(0571)8788-2296
07:00～21:00
免費
搭乘公車Y9、4、12、25、102路到錢王祠站下車
MAP P.125

2005年10月開幕的西湖博物館，是西湖邊上一個以「西湖」爲主題的博物館，位置在錢王祠附近。西湖博物館的設計新穎，並且與附近環境巧妙結合，屋頂的部分作成庭園，主要展示區域的四分之三則隱身地下。

館內的展示包括中國各地的名叫「西湖」的地方、西湖的山水地貌與自然生態、西湖的歷史文物、航行於西湖上的各式船隻、西湖文化的影響等。其中一座西湖的全景模型最引人注目，而且這裡免收門票，是初訪西湖時，了解此地必訪的景點。

博物館入口

生態圖片展示

西湖模型

【杭州花圃】

📧 杭州市西山路14號
🕒 07:30～17:00
$ 免費
➡ 搭乘公車Y1、Y5、Y9、194、527路到杭州花圃站下車
MAP P.125

杭州花圃位於西湖西岸，位於曲院風荷公園(相關介紹見P.131)的對面。花圃建於1956年，占地27萬平方公尺，這裡是杭州著名的花卉培育與景觀中心。

杭州花圃從西山路的東大門進入後，首先映入眼簾的，是占地5萬多平方公尺的時花廣場，這是一處類似歐式的花園造景。時花廣場之後，是流花榭、水生花卉區、桂花道、蘭苑、插花藝術館與掇景園，但是除了時花廣場較有氣勢之外，其他景點比較普通。

【中國茶葉博物館】

📧 杭州市龍井路88號
📞 (0571)8796-4221
🕒 08:30～16:30，週一休息
$ 免費
➡ 搭乘公車Y3、27路到雙峰站下車
MAP P.124

中國茶葉博物館是大陸唯一以茶為主題的博物館，位置在前往西湖新十景「龍井問茶」(相關介紹見P.139)的途中。

博物館占地3.7公頃，建築總面積11,400平方公尺，內部設有陳列大樓、風味茶樓、貴賓接待廳、茶葉商店、餐廳、國際和平茶文化交流館等設施。

日本茶藝展覽廳

在陳列大樓裡，設有茶史、茶具、茶俗、茶事與茶萃等5個展覽廳，分別展出茶文化的各個形貌。中國茶葉博物館的庭園設計也頗為特出，充滿了清靜淡雅的氣氛，大門的入口處矗立著茶聖陸羽的全身塑像，在展覽廳裡還有最早一部茶葉專書《茶經》的複製本。

此外，在4號樓的展覽廳中，根據世界各地的品茗場所，複製了各種典型飲茶所在，可以一窺茶文化在不同地方的差異。

【中國絲綢博物館】

- 杭州市玉皇山路73-1號
- (0571)8703-5150、8703-2060
- 08:30～16:30
- 免費
- 搭乘公車Y3、12、809路到絲綢博物館站下車
- MAP P.125

中國絲綢博物館位於前往西湖新十景「玉皇飛雲」(相關介紹見P.140)的路上，這是以杭州聞名的絲綢爲主題所建立的專業博物館。

全館建築面積共有1萬平方公尺，內部分爲序廳、文物精品廳、民俗廳、桑蠶廳、製絲廳、絲織廳、印染廳與現代成就廳等8個展覽室。其中序廳位於主建築的中庭，其中擺放著一台古式的紡織機，從第一眼就點出了這個博物館的主題。

博物館內部

博物館內對於絲綢從養蠶吐絲開始，到紡織、刺繡爲成品，都有完整的介紹。而且由考古發現所得的實物絲織品，都有展出，可以了解絲綢工業自古以來的發展，特別是清代的絲綢工藝，因爲已經發展到了極致，展出品甚爲精美。館內對歷史上東西方文化交流的絲綢之路，也有所介紹。

旅行小抄

絲綢博物館的地下層設有商場，販賣絲綢商品，店員還會解釋分辨真正絲綢的方法。這裡販賣的絲織品，比起一般民營商店的標價要高，但是品質比較有保障，可惜設計款式較無新意。

【胡慶餘堂博物館】

✉ 杭州市大井街95號
☎ (0571)8781-5209
🕘 08:30～16:30
$ 10元
➡ 搭乘公車Y8、8、25路到鼓樓站下車
MAP P.125

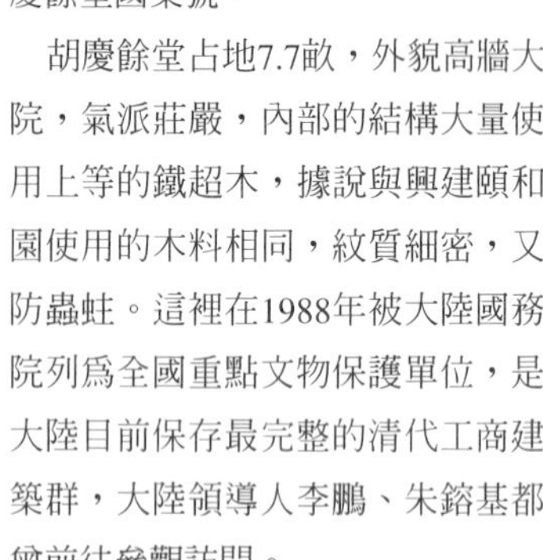

博物館入口

胡慶餘堂博物館

胡慶餘堂博物館位於河坊街上，這是清代富商胡雪巖(相關介紹見P.148)在光緒4年(西元1878年)所創立的中藥藥局，原名是胡慶餘堂國藥號。

胡慶餘堂占地7.7畝，外貌高牆大院，氣派莊嚴，內部的結構大量使用上等的鐵超木，據說與興建頤和園使用的木料相同，紋質細密，又防蟲蛀。這裡在1988年被大陸國務院列為全國重點文物保護單位，是大陸目前保存最完整的清代工商建築群，大陸領導人李鵬、朱鎔基都曾前往參觀訪問。

博物館內總共分為5部分，分別是陳列展廳、中藥興趣作坊、中醫保健門診室、藥膳廳與營業廳。全部建築是屬於庭園式的商店，首先要經過一處小庭園，才會來到正廳。進入營業廳後，首先映入眼簾的，是二層樓的挑高營業門市天井，雕工精緻、氣派非凡，一般遊客在這裡可以購買中醫成藥。建築的二樓則是博物館的部分。

胡慶餘堂營業廳

知識充電站

胡慶餘堂創立後，是依據南宋太平惠民和劑藥方，來製作完散膏丹，當時因為藥效顯著，所以有「江南藥王」的美譽，並與北京的同仁堂齊名。

胡雪巖在經營胡慶餘堂時，親自立下了「戒欺」鐵律，表示在丸藥的配製上，絕不偷工減料，且凡事要求「採辦務真，修製務精」，因此受到廣大市場的信賴與歡迎。

【南宋官窯博物館】

- 杭州市南復路60號
- (0571)8608-1049
- 08:30～16:30，週一休息
- 免費
- 搭乘公車809路，到八卦田站下車；或20路，到陶瓷品市場站下車
- MAP P.125

南宋官窯博物館位於玉皇山路的南端，這是在考古發現的南宋官窯遺址上，新建立的陶瓷博物館。

博物館內部分爲官窯遺址與展覽廳2大部分，其中展覽廳又分爲3大部分，分別介紹當地出土的歷代陶瓷製品、中國陶瓷歷史與宋代陶瓷製作的過程、大陸仿古陶器的研究與仿製。

展覽廳內精選從石器時代以來，到晚清各個時期，南北各大窯口的古瓷器精品，同時展現南宋官窯的歷史風貌。

南宋官窯遺址是於1985年發現挖掘，面積總共1,500平方公尺，包括生產作坊區、一座龍窯和數以萬計的瓷片、窯具與其他實體標本。作坊遺址成長方形，包括有練泥地、成型工房、陶車坑、擋土牆、曬坯場。修坯上釉工房、釉缸、休坯陶車、素燒坯堆積等。

知識充電站

官窯起源於北宋，是朝廷所專設的御用窯場。北宋滅亡之後，宋室南渡杭州，皇家於是在杭州郊區興建新窯，就是現在發掘的南宋官窯。

這座官窯專門生產色澤青翠如玉石的青釉瓷器，工藝水準極高。此窯所使用的多次上釉與多次素燒工法，在外表形成細膩質感。這種具有獨特碎紋的青瓷，由於清雅別致，有「紫口鐵足」的稱號，也讓南宋官窯被尊為中國5大名窯之首。

【浙江省博物館】

✉ 杭州市孤山路25號
☎ (0571)8798-0281
⏲ 08:45～16:30，週一休息
$ 免費(包括美術館)
➡ 搭乘公車K7、27、81、850路到西泠印社站下車
MAP P.125

位於孤山(相關介紹見P.146)的浙江省博物館建於民國18年，當初名稱是浙江省西湖博物館，1971年時才改稱此名。

博物館占地30多畝，內部共分爲基本陳列館、青瓷館、書畫館、錢幣館、工藝館與國際禮品館等六大展區。博物館的門票還包括參觀美術館的費用。

【杭州歷史博物館】

✉ 杭州市糧道山18號
☎ (0571)8780-2660
⏲ 09:30～16:30，週一休息
$ 免費
➡ 搭乘公車25、8、38、Y8、35、850、85、40、34、59、210路到吳山廣場站下車
MAP P.125

杭州歷史博物館位於河坊街清河坊古街(相關介紹見P.175)的東側，在前往吳山天風的城隍閣風景區(相關介紹見P.139)的途中。全館占地1.3公頃，建築面積6,700公尺，內部共分爲2個展覽館，共有8個正式展覽廳、2個臨時展覽廳，能同時進行多項大型展覽活動。

杭州歷史博物館的建築，沿南北軸線共設有三進式的院落，展出內容從史前的良渚文化開始，經過戰國、唐、五代、明、清到民國，在杭州發現出土的各種文物。展出品包括黑陶、玉器、瓷器、書畫、銅鏡、雕刻等，可以一探杭州自古以來的歷史變化。

【章太炎紀念館與張蒼水先生祠】

- 杭州市南山路蘇堤口
- (0571)8796-9387
- 08:30～17:00
- 免費
- 搭乘公車Y1、Y2、Y3、Y9、K4路到蘇堤站下車
- MAP P.125

清末的革命家、思想家與國學大師章炳麟字枚叔，號太炎，浙江餘杭人。他曾經在清朝末年參加強學會，後東渡日本，認識孫文，開始宣傳民主思想。辛亥革命成功後，曾任南京臨時政府樞密顧問，袁世凱稱帝後，公開反對袁世凱，震驚當時。

張蒼水先生祠

章太炎紀念館

章太炎一生曾經七度被追捕，3次入獄，但是宣揚民主的志節仍未改變，因此贏得世人的尊敬。章太炎於1936年病逝蘇州，後來遷葬杭州西湖，就是現在的位置。紀念館內有章太炎生平事蹟陳列室、眞跡陳列室、學術成就陳列室等。

章太炎博物館環境清幽，一旁還有張蒼水先生祠。這座祠堂是紀念明末的大臣張煌言(自玄著，號蒼水)，他曾經擁立南明魯王、桂王，並與鄭成功合兵北伐，收復一些城池，後來因失敗被清兵捕殺。

【蘇東坡紀念館】

- 杭州市南山路蘇堤盡頭處
- 08:00～17:00
- 免費
- 搭乘公車Y1、Y2、Y3、Y9、K4路到蘇堤站下車
- MAP P.125

位於蘇堤旁邊的蘇東坡紀念館，創立於1988年，面積1,300平方公尺，主體建築是一座兩層樓高的仿古建築，建築前有一座蘇東坡的石雕像。

紀念館內陳列蘇東坡在杭州的政績、生平、家譜與年表，以及詩文書畫等的複製品。

【杭州市城市建設陳列館】

杭州市慶春路258號
(0571)8535-1051
09:00～17:00，週一休息
免費
搭乘公車16、45路到慶春路與延安路交叉口站下車
MAP P.125

2006年5月開幕的杭州市城市建設陳列館，位於熱鬧的慶春路上，外表是一座典雅的紅色建築。這裡原來是清朝宣統元年建造的浙江高等審判廳，民國初年改爲浙江高等法院，共黨統治後，則改爲浙江大學的校舍。

改成博物館後，這座紅樓分成7個展示廳，分別展示紅樓的百年變遷、古代杭州城市的變遷、近代杭州的城市建設與成就等。

【馬寅初紀念館】

杭州市慶春路210號
(0571)8706-6658
08:00～17:00
免費
搭乘公車16、45路到慶春路與延安路交叉口站下車
MAP P.125

2004年9月開始對外開放的馬寅初紀念館，是紀念中國著名人口學家馬寅初事蹟的博物館，馬寅初在1920、30年代，曾經在這裡居住過多年。

馬寅初生於清朝末年，20世紀初負笈美國留學，取得耶魯大學經濟學碩士與哥倫比亞大學經濟學博士學位。

1960年馬寅初發表著名的「新人口論」，提醒中共注意人口增長過速的問題，提倡計劃生育，後來受到毛澤東的無情批鬥與軟禁。但是也因爲中共的政策錯誤，造成日後人口的過度膨脹，直破10億大關之後，才進行積極的一胎化政策。

中共總書記胡耀邦就曾對馬寅初的冤案，說過「批錯一個人，增加幾億人」的名言，這也是對於馬寅初一生最佳的註解。

【連橫紀念館】

✉ 杭州市葛嶺路17號

☎ (0571)8796-5695

🕒 08:30～16:30

$ 免費

➡ 搭乘Y1、Y2、Y3、7、K7、Y9、27、K27、81、K81、K850路公車到葛嶺站下車

MAP P.125

2006年中國國民黨主席連戰訪問大陸，為日後的國共和談奠定基礎，也成為共產黨主要的統戰對象。連戰的祖父也是《台灣通史》的作者連橫，曾經在民國15～16年間在西湖北山街旁的瑪瑙寺居住過，當地政府近年就把瑪瑙寺整建成為連橫紀念館，用來介紹服膺大中國主義的連橫家族，與台灣的自然、歷史與人文風貌。

連橫紀念館內部展示

瑪瑙寺原名瑪瑙寶勝院，最早建於五代十國的西元946年，並在西元1152年遷建到此地，2004年當地北山街進行整建工程，花了一年的時間將古寺恢復成現在風貌。連橫紀念館內的展示廳共有台灣自然環境、歷史文化、現代工藝、傳統工藝、台灣人物、原住民文化與連橫先生事蹟等展示廳。這裡雖然是免費參觀，但是平日遊客稀少。

連橫紀念館連橫事蹟廳

【西湖博覽會博物館】

- 杭州市北山路40號
- (0571)8799-7317
- 08:00～17:30
- 免費
- 搭乘Y2、Y3、Y9、K7、K27、K81、K850路公車到新新飯店站下車
- P.125

2010年上海世界博覽會聲勢浩大的舉辦，不過中國在民國18年的時候，也舉辦過一次西湖博覽會，不過這次博覽會是中國自己舉辦，與世博會無關。

話說民國18年時，北伐剛剛勝利，為了振興國內的經濟與實業，浙江省政府吸收國外辦理博覽會的經驗，在西湖孤山到西里湖一帶，舉辦了中國近代的首次博覽會。當時西湖博覽會共設有8館、2所與3個特別陳列處，當時有超過2千萬人前來參觀。

為了紀念這次博覽會，杭州市政府於2003年整建原博覽會的工業館，成立西湖博覽會博物館，並且提供免費參觀。博物館內分為固定展示與臨時展示兩部分，其中臨時展示廳內，每期會根據主題不同而提供不同的展示品。

固定展示廳內，則分為3個主題，分別是世界博覽會與中國社會、1929年西湖博覽會與西博會金名片。展出內容主要以當年西湖博覽會的盛況與展出物為主，可以看到當時中國工業發展的成就。

博物館內部展示

【南宋御街陳列館】

- 杭州市中山中路112號
- 08:00～17:30
- 免費
- 搭乘公車8、814、K7路到鳳凰寺站下車
- MAP P.125

2004年杭州市政府在開鑿萬松嶺隧道時，發現了南宋首都臨安的古御街遺址，後來用強化玻璃圍住，並開放成為「南宋御街陳列館」。

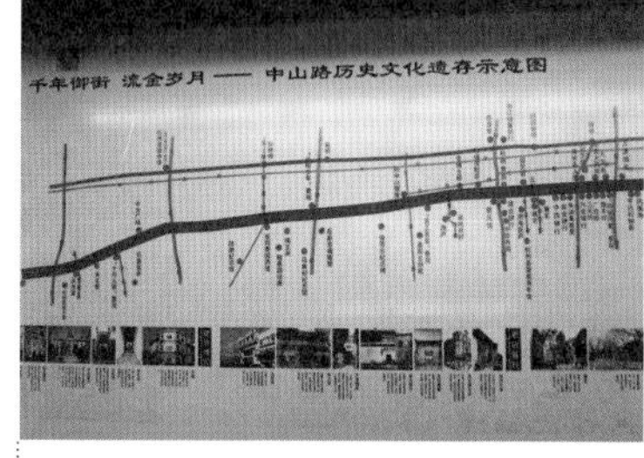

南宋御街陳列館大部分在地下，主要是用宋朝常用的香糕磚鋪成，這種磚塊形狀細長，有點像香糕，因此稱為香糕磚。御街又稱天街，是南宋臨安城，最寬與最重要的道路，其中又可分為御道、河道、走廊3部分。御道中央只供皇帝通行，旁邊則是文武大臣用來進出皇宮御道，兩側有磚石砌成的河道，河道外的走廊才能提供一般百姓通行。除了古蹟之外，陳列館內還展示有老照片與模型，可以與現在的中山路相對照。

主題樂園
Theme Park

- http www.songcn.com
- 杭州市之江路148號
- (0571)8709-0000、8732-1785
- 10:00～21:00
- 280元，包含宋城千古情表演
- 搭乘公車Y4、Y5、308、K504路、假日5線、觀光8號到宋城站下車

宋城是中國大陸最大的宋文化主題樂園，占地共有300畝，內部共可分爲九龍廣場區、宋城廣場區、南宋皇宮區、南宋風情苑區、《清明上河圖》再現區、瀛洲仙山區與金明池電影激光水幕區等7個景區。

城區內有宮苑、店鋪、市井，重現宋代民間社會的生活面貌，置身其中，可親身體會宋代社會各階層的人群日常作息。在仿古的街道上，不時可見藝人耍雜技、拋繡球招親等活動；街坊里間，更可看到鐵匠打鐵、陶工製陶、織女織布等情景。此外，宋城內，還可以見到規模龐大的「宋城藝術團」表演具有宋代特色的江南風情歌舞。

宋城內部除了仿宋的建築之外，各個景區在不同時段，還穿插各種表演活動，所以整個景區頗爲生動活潑。

旅行小抄

秋冬期間的淡季，最好的參觀時間是趕在早上9點半的開城時間。從開城時開始，就有宋皇迎賓儀式、中華鼓王、踩高蹺等的表演。春秋的旺季裡，晚上還有水幕電影、大型歌舞「宋城千古情」等精采節目，所以下午開始入園較佳。

主題樂園：宋城

Shopping

逛街購物

龍井茶栽培產地，最大絲綢集散市場

1

清河坊古街

➡ 搭乘公車Y7、Y8、8/K8、34、35、40、59、850路，到吳山廣場站下車
MAP P.125

從吳山廣場一直延伸到中河路上的河坊街，是杭州著名的觀光購物街道，這裡古老與仿古的文化建築林立，商業活動密集。

整條路是以著名的地標性景觀——胡慶餘堂博物館為中心，胡慶餘堂顯著的白牆黑字，為這條文化街平添了幾許歷史氣氛。街上有許多老牌的餐廳與商店，如王潤興、狀元館、萬隆火腿庄、太極茶道苑等，其他店面也盡量裝飾地古色古香。

清河坊歷史上曾是杭州最熱鬧繁華的地區，因為是古代皇宮與官府的所在地，又鄰近水運中心，很早就發展出旺盛的商業機能。自宋代開始，這裡是酒樓茶肆、當鋪錢莊、藥店、米店與打鐵鋪等民生機能的重心，在清末民初的時候，又是杭州最規模的商店街。街上有茶樓、酒肆、妓院、賭館、戲樓等吃喝嫖賭的處所，所以又被稱為「五花兒中心」。

河坊街自2000年4月開始整治，目前工程已經完成，大部分的市井店鋪都已經租出，街道上常有著古裝的演員進行表演，或是穿插在一般遊客之中，平添許多趣味。

旅行小抄

河坊街因為規劃成行人徒步區，一般車輛不能隨便開進來，所以逛街購物更為方便。

1.小吃巷 / **2.**著古裝拍紀念照 / **3.**彌勒佛像 / **4.**朱柄仁銅雕藝術館黃銅佛塔 / **5.**街頭畫家 / **6.**武大郎餅攤

南宋御街 中山中路

➡ 搭乘38、814、834、K195、K510路公車到中山中路站下車

MAP P.125

由於杭州市整建清河坊古街成功，成爲熱門的逛街旅遊地點，因此當地政府再接再厲，近年又再整建了一條歷史悠久的古街——「南宋御街」。南宋御街原來的名字是中山路，位於西湖東邊與河坊街成垂直交叉。中山路全長5.3公里，基本上沿襲了杭州作爲南宋首都時的規劃，御街是當時都城的中軸線，也是皇帝車駕行駛的路線，因此稱爲御街。

中山中路規劃成南宋御街後，經過多年整建，於2009年盛大開街，其中從西湖大道到鼓樓的這一段，已經劃成徒步區，是南宋御街的精華。沿途有一些觀光景點，街道兩旁有許多商店、餐廳、旅館，中山中路的盡頭鼓樓還有一間提供演出的茶館。南宋御街搭乘公共汽車可以到達，而且徒步區內從鳳凰寺到

1.觀光電瓶車／**2.**南宋御街／**3.**南宋御街四世同堂人家塑像
4.中山中路／**5.**南宋御街趣味浮雕

5

吳山廣場，還有仿古的觀光電瓶車行駛其間，這種不排廢氣的交通車，沿途隨招隨停，每次搭乘費用5元。

旅行小抄

南宋御街是杭州新整建的一條觀光街道，從鳳凰寺開始，到鼓樓這一段是整條街的精華地帶，沿途有許多分散的景點與商店餐廳，可以信步而行，隨逛隨玩，很有趣味。如果走累了，也可以搭一段電瓶車直接到鼓樓，這裡與河坊街交會，有許多酒樓茶館，可以打尖吃飯。

慶春路

搭乘公車17、21、27、39路，到湖濱路站下車
MAP P.125

慶春路是因爲古代在路的東端有一座慶春門而得名。這條從明朝就有的街道，自1993年拓寬後，成爲杭州的新興旅與購物街道，道路兩旁有觀光景點、銀行、餐廳、旅館、娛樂等設施。其中新華書店(慶春路217號，09:00～21:00)，是杭州市內大型的購書場地。

武林廣場與延安路

搭乘22路公車到武林廣場站下車
MAP P.125

武林廣場位於延安路底與體育場路的交叉口上，這裡現代建築林立，以杭州展覽館爲中心，展覽館前方有噴水池與笙竹、舞蹈的少女塑像。廣場附近的延安路上有許多百貨公司，包括銀泰百貨、杭州大廈購物中心、杭州百貨大樓、國際大廈等。

延安路全長3.4公里，是杭州市內的南北要道，也是重要的商業區，除了武林廣場之外，全條路的其他路段也是餐廳、老店、戲院等多功能商業活動的集中地。

中國絲綢城

✉ 杭州市鳳起路與體育館路之間
☎ (0571)8510-0192
➡ 搭乘5、21、32、35路公車到環北市場站下車
MAP P.125

中國絲綢城的位置在離武林廣場不遠的鳳起路上，如果自武林廣場一路逛過來，只需十幾分鐘，可以串成半天的逛街行程。

杭州自古以產絲綢聞名，位於鳳起路上的杭州中國絲綢城，就是大陸境內最大的絲綢集散市場。這裡有約800家絲綢店鋪，對於絲綢有興趣的遊客，不妨到此參觀選購。由於這裡店家繁多，互相競爭激烈，所以殺價空間大，產品款式也較多。

絲綢城在西元2000年西湖博覽會時，改建爲步行街，街道上鋪上行道磚，兩旁則是各式各樣的絲綢店鋪。在入口處建有牌樓一座，用篆體寫上「杭州中國絲綢城」的名號，看起來古色古香，它的對面是古北小商品市場，也是當地人常去的市場。

旅行小抄

在這裡選購絲綢時，要特別小心，因為絲綢產品的原料有真有假，價格相差很多。即使是真絲產品，絲的品質也有分等級。此外，產品的設計、花樣、浸染手續、做工、剪裁等，都會影響成品最後的售價，所以在這裡購買時，不能只講究價格。

武林路女裝街

➡ 搭乘公車12、14、26、30路，到武林路站下車
MAP P.125

自武林路與鳳起路交叉口開始的武林路北段，被規劃爲杭州流行時尚的女裝街，這裡又被稱爲「女人街」，是杭州新潮婦女購買時裝的地方。隨著婦女的消費成長，這裡除了服裝店外，還有美容院、餐廳、咖啡廳等店家。

萬隆火腿庄

✉ 杭州市中山中路79號
☎ (0571)8702-5796
⏲ 07:45～17:30
MAP P.125

位於清河坊古街與中山中路轉角處的萬隆火腿庄，一進門就是濃厚的臘肉香味。這座建築外表古色古香的商店，創立於清同治3年(西元1864年)，至今已超過百年歷史。由於販賣商品優良，杭州城內有一句「醃臘上品推萬隆」的說法。

萬隆火腿庄販賣的以火腿、醬鴨、香腸、醃肉、醃魚爲主，傳統上萬隆只用大陸著名的「金華兩頭」豬的大腿肉來醃製火腿，據說作家魯迅，就曾多次光顧萬隆。

南山路休閒街

➡ 搭乘公車12、809、Y2路，到南山路站下車
MAP P.125

位於西湖東面與南面的南山路，是杭州市政府近年發展的休閒街道。這裡原來有一些零星的酒吧，2006年政府大力整頓兩旁景觀，引進咖啡、酒吧、茶樓、畫廊、餐飲、娛樂等6大行業，希望將這裡發展成休閒專區，2006年10月南山路二期工程已完成開街。

解放路

➡ 搭乘K56路公車到官巷口站下車
MAP P.125

解放路全長2.1公里，是橫貫杭州城區的主要幹道，也是重要的商業區。解放路與延安路交叉口的地帶尤其熱鬧，這裡有許多知名建築包括新橋飯店、解放百貨公司、新華書店、老餐廳奎元館、電影院等，商業機能豐富。解放路原名是中正街，民國38年共軍進入杭州，於是路名變成改朝換代後的解放路。

湖濱路旅遊商貿特色街

➡ 搭乘公車17、21、27、39路，到湖濱路站下車
MAP P.125

湖濱路位於西湖東北面，這裡近幾年開設了一些高級旅館，市政府則將這裡規劃爲集合賓館、餐飲、娛樂、辦公與部分民居的功能。

目前湖濱路左側的店面經過整建，顯得相當整齊，商店街上有許多歐美名牌店，是杭州高檔的購物區；而右側的湖濱公園也整理的相當別致，並且增加了許多雕像與古蹟的復原，讓西湖的環湖風景線更爲完整。

梅花塢

➡ 搭乘公車Y8路，到梅花塢站下車
MAP P.124

杭州南部郊區的梅花塢村，原來是龍井茶的栽培產地，目前已經發展成「農家菜」餐廳的集中地。

這裡風景秀麗，四處蟬鳴，沿著梅靈大道兩旁，四周的茶香與菜香，很容易挑動遊人的食欲，因此近年來當地人假日時，很喜歡來這裡品嘗農家菜。

张铁军翡翠
張铁军
AJICHIBAN

Restaurants
餐廳美食

正宗杭幫菜，菜色做工精緻、選料上乘

張生記酒店

🖂 杭州市雙菱路77號
☏ (0571)8602-6666、8602-7777
🕒 11:00～14:00，17:00～21:00
$ 筍乾老鴨煲128元、龍井蝦仁158元、白切羊肉36元
i 菜餚口味：★★★★
人員服務：★★★
用餐環境：★★★★
價格價值：★★★★
MAP P.125

以「老鴨煲」紅遍整個杭州市的張生記酒店，是張國偉董事長創立的民營餐廳，由於秉持著「天天有新菜，餐餐嘗時鮮」的經營原則，所以聲譽持續不墜，目前在大陸共有5家門市。

位於雙菱路的張生記老店，離著名的觀光景點都很遠，所以它是針對本地食客爲主力消費的餐廳。該店營業面積達到1萬平方公尺，整座大樓可以容納數千名食客同時進餐；儘管如此，每天晚上排隊的人潮還是很多，筆者就曾經在晚餐時，拿號碼牌等了半個多小時才等到座位。

張生記主要經營的是正宗杭幫菜，但是近年也加進粵菜等外來菜種。最著名的老鴨煲，是用整隻鴨子，加入鹹肉、筍乾、豬腳、粽葉等，精燉一整天所製成，滋味鮮美，一整鍋可以供4個人吃的老鴨煲，要賣128元人民幣，在杭州算是中等消費！

上湯菠菜

筍乾老鴨煲

羅鍋芋頭

知味觀

🖂 杭州市仁和路83號
☎ (0571)8706-5871
🕒 06:00～23:00
$ 東坡肉16元、蝦肉餛飩10元、片川兒8.5元、酒釀圓子8元、牛肉燒賣13元、三鮮小籠15元
ℹ 菜餚口味：★★★
人員服務：★★
用餐環境：★★★
價格價值：★★★
MAP P.125

貓耳朵

知味觀是一家超過百年歷史的老店，供應的菜餚曾經獲得多項殊榮，其中用小蒸籠蒸製的各色點心，是杭州知名的地方小吃，稱爲「知味小籠」，包括鮮肉小籠、蝦肉小籠、雞火小籠等。此外，店中的貓耳朵與幸福雙(紅豆小饅頭)，更被喻爲杭州點心精品。

知味觀近年經過重新裝潢，營業面積達到2,000平方公尺，可以同時容納1,000人用餐。共分爲4樓，其中一樓供應的是傳統名點與地方風味小吃，採開放與自助的經營方式，2～4樓則是點菜的餐廳與包廂。

這裡菜餚的價格不高，但是菜色上有傳統國營餐廳的缺點，粗糙而精緻度不高，小籠包或蒸餃的品質，比不上台北鼎泰豐的水準。

知味小籠

幸福雙

樓外樓

- 杭州市孤山路30號
- (0571)8796-9023、8796-9682
- 午餐、晚餐
- 西湖醋魚110元、東坡燜肉17元、叫化雞158元、乾炸響鈴28元、龍井蝦仁138元、蝦肉小籠19元、西湖莼菜湯33元
- 菜餚口味：★★★
  人員服務：★★★★
  用餐環境：★★★★
  價格價值：★★★
- MAP P.125

東坡燜肉

坐落在西湖邊孤山(相關介紹見P.146)腳下的杭州樓外樓餐廳，創建於清道光28年(西元1848年)，至今已經有150年的歷史。樓外樓的命名是取自古詩中「山外青山樓外樓」的名句，自成立以來已經有國父、魯迅、郁達夫、周恩來等名人到此用餐過。

樓外樓是杭州著名的老店，名菜有西湖醋魚、東坡燜肉、龍井蝦仁、宋嫂魚羹、叫化童雞等。店中的點心包括吳山酥油餅、虎跑素火腿、桂花糯米藕等，更被大陸的中國烹調協會評為中華名小吃。店裡還自行研發出「乾隆宴」，使乾隆時期的一些古代宴餚，重現於世。

樓外樓雖然是國營餐廳，但是人員服務還不錯；由於位置優越，用餐的同時還可享受西湖景致，所以在旺季時常客滿，最好事先訂位。樓外樓外面晚上就是印象西湖秀的座位區，如果晚餐沒有訂位，基本上無法入座。

乾炸響鈴

雞油菜心

王潤興酒樓

- 杭州市河坊街101-103號
- (0571)8780-0111
- 10:40～14:00，16:30～20:30
- 乾隆魚頭68元、西湖醋魚72元、東坡燜肉10元、鹹件兒20元、八寶菜15元、杭州響鈴15元、蝦爆鱔48元
- 菜餚口味：★★★★
  人員服務：★★★
  用餐環境：★★★
  價格價值：★★★★★
- MAP P.125

乾隆魚頭

以一鍋魚頭料理揚名杭州的王潤興酒樓，是杭州的百年老店，創始於1844年，它的位置就在清河坊古街上。餐廳的外表是20世紀初年的洋樓形式，顯得古色古香。

根據王潤興酒樓的說法，清朝乾隆皇帝在第三次下江南時，來到杭州的山，因為當天下大雨，便躲到一家民房的屋簷下。當時乾隆因為餓得發荒，敲門向主人要一餐便飯。這位名叫阿興的主人，張羅家中剩菜，只有半個魚頭、一塊豆腐、一些青菜，便用這些原料，再加上一點豆瓣醬，作成一鍋沙鍋魚頭招待乾隆皇，乾隆吃後大加讚賞。

3年後，乾隆再次下江南，又到了阿興家吃豆腐燉魚頭，並且出資20兩銀子，讓阿興開店，店名就叫「王潤興」，表示皇帝在下雨天，來到阿興家避雨的典故。再5年後，乾隆又來到王潤興飯庄吃魚頭，飯後更趁興寫了「皇飯兒」三字賜給店主人。

由上述典故可知，店裡的乾隆魚頭是招牌菜，這一道用豆腐、魚頭、白菜、香菇、五花肉等原料，加入豆瓣醬燉煮的料理。成品味透魚肉，雖然味道偏鹹，但是所有原料的美味又融為一體。最重要的是大大的一鍋魚頭，足夠4個人食用，竟然只要68元，難怪是許多當地人難忘的庶民料理，也值得推薦給讀者一試。

奎元館

- 杭州市解放路154號
- (0571)8702-8626
- 10:00～22:00
- 蝦爆鱔麵32元、海鮮四寶麵22元、川味辣子雞麵15元、雪菜筍麵14元、紅油雙菇麵13元、片川兒10元
- 菜餚口味：★★
  人員服務：★
  用餐環境：★★
  價格價值：★
- MAP P.125

以經營寧式大麵馳名的奎元館，有「江南麵王」之稱。百年來奎元館曾經接待了包括蔣經國、梅蘭方、周璇、金庸等著名人士，其中金庸更曾留下「奎元館老店，馳名百三十載。我曾嘗美味，不變五十年」的讚詞。

著名的麵點包括蝦爆鱔麵、片兒川麵、蟹黃麵等。其中蟹黃魚翅麵，以湖蟹肉、蟹黃和魚翅做佐料，每碗售價158元，是店中的麵王之王。而大富大貴麵與金玉滿堂麵可供10人食用，主要用在喜宴與壽宴。

奎元館名氣雖響亮，筆者實際品嘗的結果，覺得口味一般而已。

蟹黃麵

蝦爆鱔麵

知識充電站

奎元館成立於清同治6年(西元1862年)，最早只是一間不見經傳的徽州麵館，一天店裡來了一位趕考的窮秀才，點了一碗最便宜的清湯麵。老闆因為憐惜他家貧，就偷偷在麵下面放了三顆雞蛋，給他補充營養，並祝福他能夠連中三元。

不久秀才果然得中功名回來，就題了「魁元館」三字招牌送給店主，從此這裡聲名大噪，並且逐漸成了經營寧式大麵著稱的專業麵店。後來有一任店主嫌「魁」字中，帶有鬼字邊，就把魁改為奎，便是店名的由來。

狀元館

- 杭州市清河坊古街85號
- (0571)8702-5796
- 10:40～14:00，16:30～20:30
- 蝦爆鱔麵33元、腰花麵18元、片川兒8元、油燜春筍28元、東坡肉6元一塊
- 菜餚口味：★★★★
  人員服務：★★★
  用餐環境：★★
  價格價值：★★★★
- MAP P.125

東坡肉與爆鱔麵

位於清河坊古街上的狀元館，最早開設於清同治9年，當時來自寧波的王尚榮，在杭州鹽橋的貢院附近，開設麵館。由於貢院在古代，是科舉考試的考場，因此食客中有許多考生，王尚榮便取名「狀元館」來博取好彩頭。

狀元館門面頗為氣派，內部供應的是寧波式的麵食，這種麵條屬於直條細麵，成名作「爆鱔麵」受到很多人的好評，作者個人感覺比另一家「奎元館」好上許多。此外，這裡的杭幫菜口味也不錯，就連一盅6元的東坡肉，許多顧客都覺得做得比樓外樓好吃些。

花中城 天外天大酒店

- 杭州市西湖區靈竺路2號
- (0571)8799-9909、8797-9922
- 07:00～21:30
- 東坡肉15元、西湖醋魚68元、龍井蝦仁98元、素齋麵20元
- 菜餚口味：★★★
  人員服務：★★★
  用餐環境：★★★
  價格價值：★★★
- MAP P.124

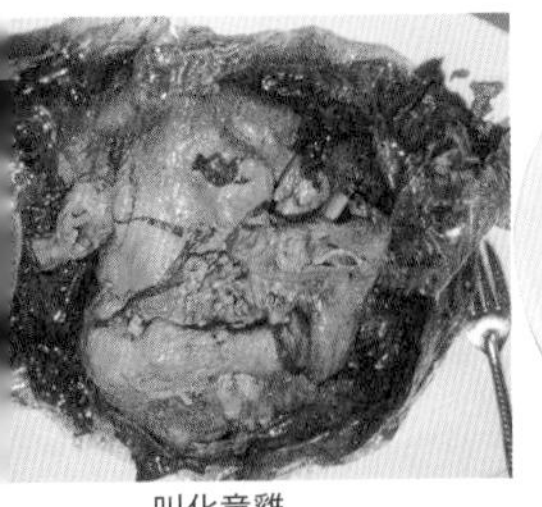
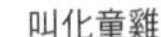
叫化童雞

炒蘆蒿

蓴菜湯

天外天菜館與樓外樓一樣是杭州知名的老牌餐廳，老店創立於西元1910年，目前已經收歸國營。菜館位於著名的古蹟──靈隱寺(相關介紹見P.142)的門外，由於地理位置優越，所以旅行團常來此用餐。

餐廳設施齊全，共可同時容納800人用餐，餐廳主要供應杭州風味菜與特色菜，天外天現在由杭州花中城餐飲集團管理，口味中等。

知識充電站

昔日有位食客曾經留下了詩一首「西湖西畔天外天，野味珍餅錦鯉鮮，他日腰纏三萬貫，看舞越姬學醉仙。」

新豐小吃

- 杭州市慶春路209號
- (0571)8776-0810
- 08:00～20:00
- 鮮肉小籠6元、小龍灌湯包6元、蝦肉餛飩4元、牛肉粉2.5元、肉餡大包子1.5元、菜餡大包子1元
- 菜餚口味：★★★
  人員服務：自助
  用餐環境：★★
  價格價值：★★★
- MAP P.125

紅棗蓮子湯

蝦肉小籠

新豐小吃在杭州市內共有9家連鎖店，這是從當地知名的老牌新豐點心店，發展出來的連鎖餐飲，自1996年開始營運，販賣各種杭州點心。店裡的餐點味道尚可，但是價錢非常便宜，是可以廉價體驗當地小吃的地方，因此用餐時間一到，便擠滿了客人。

新豐小吃的用餐方式，是先購買餐券，然後到取貨口，自己用餐盤端到位子上，由於用餐時間人潮眾多，最好幾個人一起去，有人先佔位，免得搶不到座位。

紅泥大酒店

- 📧 杭州市南山路144-2號
- 📞 (0571)8708-3638
- 🕘 10:30～14:30，16:30～21:30
- $ 10人桌套餐300元起、單點人均消費約50元
- i 菜餚口味：★★★★★
  人員服務：★★★★
  用餐環境：★★★★
  價格價值：★★★
- MAP P.125

紅泥茄丁

紅泥醬鴨

砂鍋雞

唐朝詩人白居易有一句五言絕句「綠螘新醅酒，紅泥小火爐。晚來天欲雪，能飲一杯無？」用來形容飲宴的心情，其中的「紅泥」兩個字，就被引用來作爲這家餐廳的名字。

紅泥大酒店位在杭州西湖風景區(相關介紹見P.126)一旁的南山路上，綠樹成林的萬松嶺山下，整個建築呈現紅色，依山傍湖，非常醒目。由店名就可以知道，這是一家以經營杭幫菜，特別是砂鍋菜爲主的餐廳，店裡的招牌菜——紅泥砂鍋雞，是用整隻雞加入豬腳、臘肉、竹筍、蔥等材料，放入砂鍋經過長時間熬煮做成，味道鮮美滋補。

紅泥大酒店目前接待許多旅行團，有時旅行團一起到達時，內部會比較熱鬧，但以價格來說，還算經濟實惠。

浙江西子賓館中餐廳

- 杭州市南山路37號
- (0571)8702-1888
- 午餐、晚餐
- 西湖醋魚58元、宋嫂魚羹45元、蘆筍炒百合32元、醬鴨36元、自助餐1人180元
- 菜餚口味：★★★★
  人員服務：★★★★
  用餐環境：★★★★
  價格價值：★★★
- MAP P.125

漪園小炒

酒釀丸子

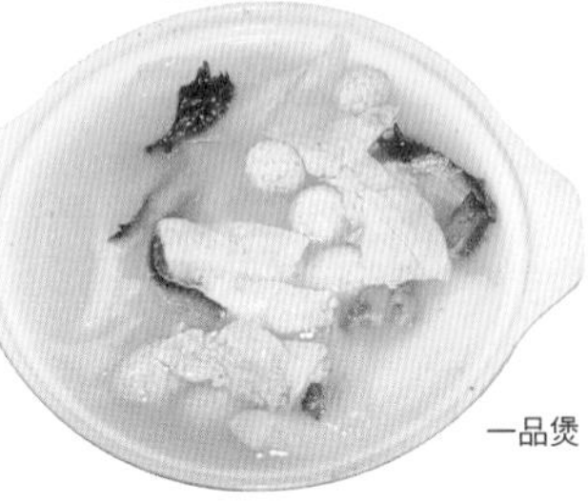

一品煲

該餐廳是浙江西子賓館(相關介紹見P.202)附設的餐廳，它的特別之處，在於時常有大陸高幹下榻住宿，所以餐廳的水準頗高。這裡提供的杭州菜包括叫化雞、西湖蓴菜湯、東坡肉等；此外，口味上南料北烹的南宋宮廷菜如鱉蒸羊等，這裡也有供應。

這裡的西湖活跳蝦，鮮蝦捕自西湖，採醉蝦的料理方式來處理。上桌時，蝦子是被醃置在由黃酒、醋、醬油、薑與蔥所調製成的醬汁中，由於蝦子並未完全醉死，所以還會在酒醬中掙扎，是一道生意盎然的特色菜，值得一試。

該餐廳另一個特點，是收集了毛澤東、陳雲等老共幹所喜歡吃的家鄉菜，以及獨創國宴時使用的「領袖宴」，菜色做工精緻、選料上乘，只是價格不菲，需要事先預定。

這裡一般在午晚餐，供應的是自助餐，如需點菜，需要先跟服務員說明。

清河坊古街小吃巷

✉ 河坊街狀元館對面
$ 衢州兔頭10元、鴨頭5元
MAP P.125

清河坊古街上雖然古建築林立，新舊餐廳也不少，但是要說到浙江的庶民風味，卻不能不到這裡的小吃巷一逛。

小吃巷位在百年老店狀元館對面的小巷裡，每家吃食都是一爿小小店面，販賣著一些台灣很少看到的口味，包括大田螺、辣臭豆腐等，價格都很便宜。作者在這裡看到最奇怪的食物，是衢州的名產——滷鴨頭與兔頭，鴨頭作爲食物，雖然台灣街邊常見，但是兔頭則是聞所未聞。這兩種小吃味道都很辣，兔頭還帶了些腥味。

太極茶道苑

✉ 杭州市河坊街184號
☎ (0571)8780-1791
🕘 09:00～23:00
MAP P.125

1994年開設的太極茶道苑，是杭州近年第一家開設的專業茶藝館，內部講究用雨水泡茶，茶資從每人10元的杭州龍井茶，到數百元的祕傳眞金八寶茶、水丹青、陰韻烏龍等。這裡的店小二穿著長袍與瓜皮帽，頗有民初的風格，二樓還可以看簡單的免費表演。

太極茶道苑據說是傳承自清乾隆年間的鄭姓茶商家族，目前在大陸各地開有數百家加盟店。

茶酒年代

- 杭州市南山路147號西湖新天地7號樓
- (0571)8702-6933、8702-6993
- 11:00～24:00
- 醉糟本雞26元、私房十香骨38元、蝦仁麻婆豆腐38元、西湖糖藕18元、開化龍頂35元
- 菜餚口味：★★★★
  人員服務：★★★
  用餐環境：★★★★
  價格價值：★★★
- P.125

私房十香骨

蝦仁麻婆豆腐

西湖新天地是位於西湖東岸湧金門新開發的高級餐飲娛樂場所，裡面有幾間高級的餐廳與酒吧，其中茶酒年代就是以提供江浙菜餚爲主的餐廳。餐廳的裝潢中西合璧，內部採用木頭與藤條的桌椅，頗有茶館風格，至於外面則是大片的落地窗，可以一覽無遺的欣賞外面的景色。

茶酒年代內部

茶酒年代內部

既然號稱茶酒年代，就表示這裡對於茶與酒的選擇頗爲講究，但是價格不低。此外，菜餚的分量也很小，感覺像是配茶或是配酒的點心。因爲分量小，所以必須多點幾樣菜才能吃飽，我們當天有兩個人吃飯，簡單幾樣菜，加上一壺茶就花掉了200元，價格昂貴，但是菜餚的口味還可以。

基本上這裡是可以放慢速度，邀幾個親友同好談天說地的地方，也不用吃完飯換地方聊天，加上地理位置優越，氣氛清新安靜，因此生意不錯。

醉糟本雞與西湖糖藕

川味觀 慶春店

杭州市慶春路161號中和大廈
(0571)8724-6728
09:00～05:00
麻辣小龍蝦32元、章魚丸中鮮26元、白灼生菜12元
菜餚口味：★★★
人員服務：★★★
用餐環境：★★★
價格價值：★★★★
MAP P.125

川味觀是杭州近幾年竄出，人氣頗旺的川菜餐廳，由於菜餚物美價廉，環境也不錯，因此在杭州市內開了幾家分店。這家慶春店距離西湖不遠，來此用餐的本地人與遊客很多，時常需要排隊等候。

餐廳內供應的包括四川的麻辣火鍋與各種川菜，但是與四川當地的川菜館比較起來，這裡的川菜味道不算非常辣，大概是要適應江南比較清淡的口味。

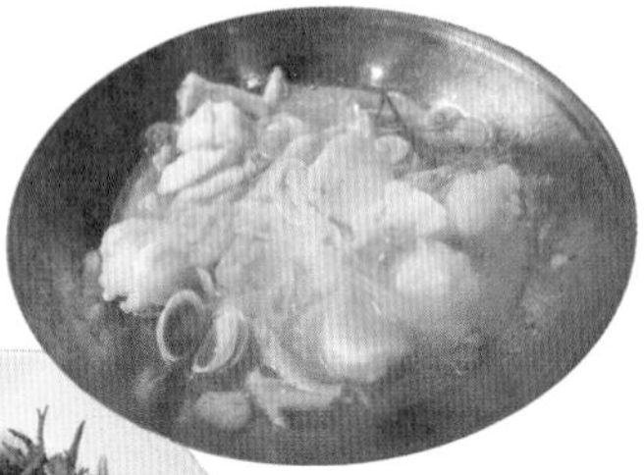

章魚丸中鮮

白灼生菜

麻辣小龍蝦

羊湯飯店

- 📧 杭州市上城區中山中路64號
- ☎ (0571)8702-7346
- 🕘 09:00～21:00
- $ 燒賣10元、羊片湯5元、羊鞭湯12元、羊雜碎湯6元、羊肉串4元、蝦爆鱔麵24元、片川兒麵8元、素絲麵8元
- i 菜餚口味：★★☆
  人員服務：★★
  用餐環境：★★
  價格價值：★★★
- MAP P.125

蝦爆鱔麵

羊湯飯店是杭州市內的一家百年老店，也是登錄有名的中華老字號，最早創設於清朝乾隆53年(西元1788年)，位置在回教的鳳凰寺對面，主要是供應當地的回民。民國16年的時候，因爲鳳凰寺前的中山路修建，因此遷移到目前的河坊街附近，由於是百年老店，店門口顯得古色古香，內部則是一般國營麵館的擺設。

由於早期做的是回民的生意，因此餐廳內不提供與豬肉有關的東西，點心以羊肉爲主，也提供各式杭州麵點。這裡的羊肉燒賣稍有腥味，沾點醋吃比較爽口，羊肉湯比較清淡。不喜歡羊肉味道的人，也可以點用各式麵點，味道也還不錯。

餐廳所在的河坊街上遊人如織，羊湯飯店因爲是百年老店，價格又不貴，因此平時顧客很多，特別是在用餐時間，時常需要等候。

皇飯兒

🖂 杭州市清河坊高銀街53-57號
☎ (0571)8780-7768、8780-1068
🕒 11:00～21:30
$ 涼拌馬蘭頭10元、醬豬耳18元、炒杭三鮮16元、東坡肉10元、蝦爆鱔片48元、西湖年肉羹22元
i 菜餚口味：★★★
人員服務：★★、
用餐環境：★★★
價格價值：★★★★
MAP P.125

涼拌馬蘭頭

在吳山廣場附近的高銀街，與遊客密布的河坊街平行，這裡聚集了許多餐廳，密度之高堪稱杭州餐飲業一級戰區。其中與王潤興酒樓屬於同一系統的皇飯兒，是戰區內生意最好的餐廳之一。

頂著乾隆皇帝曾經用餐與賜名的傳說，這裡提供的是正統的杭幫菜，內部裝潢比起王潤興酒樓要現代化，沿街的牆面用上大片落地窗，顯得乾淨明亮。菜餚的口味還不錯，以價格來說，在杭州要算是物美價廉，因此可見人氣之旺。但是缺點是服務人員的效率跟不上，筆者曾經在上菜後，向服務員點了一碗白飯，結果10分鐘之後才來，菜都快涼了。

炒杭三鮮

西溪溼地烟水魚庄

- 杭州市天目山路西溪溼地內
- 11:00～14:30
- 黃豆燉豬尾26元、筍滷豆腐18元、魚乾包燒35元、白飯5元
- 菜餚口味：★★
  人員服務：★★★
  用餐環境：★★★
  價格價值：★★★
- MAP P.124

黃豆燉豬尾

烟水漁庄內餐廳

販賣甜酒釀的西溪小鋪

偌大的西溪溼地內，為了刻意營造綠色旅遊的氣氛，因此整個園區少有餐飲場所，遊客要在溼地公園內用餐，大多要到烟水魚庄。

這裡有提供點菜的餐廳，價格較高，上菜較慢；另外還有提供大鍋菜的食堂，可以直接看菜點菜，速度較快、價格也比較便宜。不過這裡由於競爭少，口味並不理想。

大鍋菜可現點現裝

烟水漁庄內酒鋪

Hotels
旅館住宿

杭州國際大廈雷迪森廣場酒店

- http www.landisonplazahotel.com.cn
- ✉ 杭州市體育館路333號
- ☎ (0571)8515-8888
- FAX (0571)8515-7777
- $ 雙人房700元
- i 房間總數：285
  星級：★★★★★
  硬體設施：中西餐廳、咖啡廳、游泳池、健身房、迪斯可舞廳、卡拉OK等
- MAP P.125

位於杭州購物商業中心的武林廣場(相關介紹見P.177)一側，由美國的Radisson旅館集團所經營，是一家國際標準的五星級酒店，目前已經與Radisson旅館集團脫離關係。位置上適合喜歡購物熱鬧的旅客，但是距離主要的觀光地點西湖，有一段距離。酒店在2000年時被國家旅遊局正式評定爲五星級飯店。

杭州世貿君瀾大酒店

- http www.wtcgh.com
- ✉ 杭州市曙光路122號
- ☎ (0571)8799-0888
- FAX (0571)8795-0088
- $ 雙人房750元
- i 房間總數：378
  星級：★★★★★
  硬體設施：中西餐廳、咖啡廳、健身房、卡拉OK、商務中心、會議室等
- MAP P.125

杭州世貿君瀾大酒店是杭州世界貿易中心的一部分，位置在西湖新十景──黃龍洞風景區(相關介紹見P.136)的對面，只要步行就可以到達。飯店於1999年正式開業，飯店外表氣派，設施齊全，特別適合來參加展覽的商務人士。

杭州凱悅酒店

- http hangzhou.regency.hyatt.cn/hyatt/hotels/index.jsp
- ✉ 杭州市湖濱路28號
- ☎ (0571)8779-1234
- FAX (0571)8779-1818
- $ 雙床房起價1,400元
- i 房間總數：390
  星級：★★★★★
- MAP P.125

2004年底開幕的杭州凱悅酒店，是杭州豪華五星級酒店市場的成員。凱悅酒店位於西湖畔的湖濱路上，這裡是西湖北岸近幾年最著力整理的區域，附近商務、旅遊、購物、娛樂機能齊全，交通便利。酒店共有390間各式客房，由於是五星級酒店，又是近幾年開幕，房價當然是高人一等。

杭州香格里拉飯店

http www.shangri-la.com/cn/property/hangzhou/shangrila
✉ 杭州市北山路78號
☎ (0571)8797-7951
FAX (0571)8707-3545
$ 雙人房1,300元
i 房間總數：387
星級：★★★★★
硬體設施：中西餐廳、游泳池、網球場、桌球室、健身房、迪斯可舞廳、卡拉OK、商務中心、會議室等
MAP P.125

位於杭州西湖邊的杭州香格里拉飯店，是一家地理位置相當優越的旅館，只要步行就可以到達蘇堤、西泠橋、孤山等景點。良好的位置加上國際香格里拉旅館集團的管理，使得這家飯店成爲杭州最受歡迎的旅館之一，也是許多旅行團時常下榻的旅館。

這家飯店建於1956年，因爲設備漸趨老舊，於2000年時進行大規模的翻修，總共耗資1.2億人民幣；翻修之後的硬體設施令人耳目一新，也新增了許多現代化的設備，房價也更趨高昂。

杭州新新飯店

http www.thenewhotel.com
✉ 杭州市北山館路58號
☎ (0571)8766-0000
FAX (0571)8705-3263
$ 普通標準房起價560元
i 房間總數：152
星級：★★★★
MAP P.125

創建於民國2年的新新飯店，是杭州歷史最悠久的西式旅館，位於西湖北岸的北山路上。整個飯店是由東樓、西樓、中樓、北樓與秋水山莊等部分組合而成，某些建築因爲歷史悠久，已經被列爲浙江省級文物保護單位。

由於開辦年代在民國初年，因此飯店保存了當時的時代氣氛，在悠久的飯店歷史中，曾經接待過宋美齡、蔣經國、于右任、芥川龍之介、杜威等中西名人，民國18年浙江省政府籌辦西湖博覽會時期，省主席張靜江也曾經在這裡下榻、指揮活動。

新新飯店由於歷史悠久，設施較爲陳舊，但是頗有風味，而且位置與環境極佳，比較適合喜歡懷舊的旅客。

格林豪泰酒店

http www.998.com/Reservations/Hotel_Detail.aspx?hotelcode=120360
✉ 杭州市中山中路211-215號
☎ (0571)8783-8666
FAX (0571)8515-8888
$ 標準房起價250元
i 房間總數：136
星級：★★★★
硬體設施：餐廳、咖啡廳、三溫暖與商務中心等
MAP P.125

格林豪泰是大陸的中檔商務酒店，其中位於中山中路的西湖大道店是該酒店在杭州的旗艦店。酒店位於鳳凰寺附近，距離西湖、河坊街、南山路都很近。

瑞豐格琳酒店

http book.bestwestern.com/bestwestern/productInfo.do?propertyCode=78623&srcPage=SelectHotel&isMapOpen=true&selectedHotels=
✉ 杭州市老浙大橫路31號
☎ (0571)8793-9999
FAX (0571)8739-0188
$ 單人房起價370元
i 星級：★★★★
MAP P.125

距離杭州火車站車程不遠的杭州瑞豐格琳酒店，是由美國知名的Best Western旅館集團管理的酒店，這家酒店在Best Western系列中，是設備較佳的四星級規格，因此被冠上「Premier」字眼。

酒店所在的老浙大橫路，在一片住宅區當中，距離主要商業區都有一段距離，幸好杭州市中心不是非常大，走路十幾分鐘，也可以來到熱鬧的慶春路與解放路，地理位置算是鬧中取靜。

此酒店在2006年10月正式開幕，所以裝潢很新，缺點是房間面積不大，但是也還舒適，優點是房價還算便宜。

望湖賓館

http www.lakeviewhotelhz.com/webcn/Public/Default.aspx
✉ 杭州市環城西路2號
☎ (0571)8707-8888
FAX (0571)8707-1350
$ 雙床房600元
i 房間總數：368
星級：★★★★
硬體設施：中西餐廳、咖啡廳、游泳池、桌球室、健身房、美食街、桑拿浴、卡拉OK、商務中心、會議室等
MAP P.125

望湖賓館位於環城西路與慶春路之間，距離西湖只有約200公尺，步行即可到達，賓館附近還有一家海華飯店。賓館客房中的湖景房可以看到一部分的西湖景觀，由於位居市區與西湖邊，商業機能旺盛，購物、飲食、逛街等都很方便。

浙江西子賓館

http www.xizihotel.com/new
✉ 杭州市南山路37號
☎ (0571)8702-1888
FAX (0571)8706-3537
$ 雙床房1,300元起
i 星級：★★★★
MAP P.125

浙江西子賓館又名汪庄，是一家非常值得推薦的旅館，但是因爲外界知名度較低，又不接受海外的旅遊團體，所以像是一顆潛藏在西湖邊的明珠。

汪庄的歷史悠久，最早建於西元1927年，當時是著名茶商汪惕予的別墅，故名爲汪庄。位於西湖十景——雷峰夕照(相關介紹見P.132)的山腳下，依山傍湖，景觀位置遠超過著名的杭州香格里拉飯店。

國家主席毛澤東曾來此此下榻多達27次，等於是他的杭州行宮。美國前國務卿季辛吉及德國總統赫爾佐克等多國政要，也曾來此住宿。

汪庄自1979年開始，逐步對外開放，稱爲浙江西子賓館，現在一般遊客也可以入內住宿。賓館由幾座兩層樓的別墅型建築所組成，其中3號樓較爲老舊，其餘房間整修之後，都相當具水準。

入口有武警把守，內部又有警衛巡邏，治安非常良好。賓館的「領袖宴」是仿照中共接待外賓時所用的菜單所製成，選料上成，需要事先預訂。

浙江西湖國賓館

- www.xihusgh.com
- 杭州楊公堤18號
- (0571)8797-9889
- FAX (0571)8797-2348
- 雙床房1,300元起
- 星級：★★★★
- MAP P.125

杭州西湖國賓館又稱劉庄，劉庄曾是西湖邊的著名園林，曾經有「西湖第一名園」的美譽之稱。

解放後收歸國營，被規劃爲國賓館使用，毛澤東曾經在此住宿，也曾接待過外國政要，這家賓館的名稱常和浙江西子賓館混淆，但是西子賓館的設備層次較高，位置也比位於西湖西岸的劉庄要優越。

黃龍飯店

- www.dragon-hotel.com
- 杭州市曙光路120號
- (0571)8799-8833
- FAX (0571)8799-8090
- 高級雙床房1,380元
- 房間總數：555
  星級：★★★★
  硬體設施：中西餐廳、咖啡廳、游泳池、網球場、桌球室、健身房、蒸汽浴、電動遊戲廳、卡拉OK、商務中心、會議室等
- MAP P.125

黃龍飯店是由幾棟十層樓的建築所構成，後面還有一個後花園，是杭州市內最早的中外合資飯店，目前也是杭州最大的飯店，目前由香港新世界酒店集團管理。

黃龍飯店也是旅行團時常下榻的飯店，但是因爲歷史較早，一些設施比較陳舊，被飯店的附近另外有一家歷史較新的浙江世界貿易中心大酒店，搶去了不少光彩。

錦麟賓館

- 杭州市鳳起路435號
- (0571)8755-6188
- FAX (0571)8791-3907
- 雙人房280元
- 房間總數：114
  星級：★★★
  中餐廳、商務中心、會議室、棋牌室
- MAP P.125

位於杭州市鳳起路上的錦麟賓館，2001年開業的三星級賓館，賓館樓高10層，屬於一家小型賓館，地理位置距離西湖只有數百公尺，步行就可到達。

浙江鐵道大廈

http www.zjtdds.com
✉ 杭州市城站廣場8號
☎ (0571)5606-6888
FAX (0571)8780-5789
$ 標準房起價380元
i 房間總數：288
星級：★★★
硬體設施：中西餐廳、咖啡廳、保齡球場、KTV包廂、休閒浴場、商場、火車售票處、商務中心、會議室等
MAP P.125

浙江鐵道大廈位於杭州鐵路新客站內，是依照旅遊涉外四星級飯店標準建造的飯店，不過水準只有約三星級而已。飯店就位於杭州火車站內，公共交通非常方便。

新僑飯店

✉ 杭州市解放路226號
☎ (0571)8707-6688
FAX (0571)8702-2768
$ 雙人房480元
i 房間總數：381
星級：★★★
硬體設施：中西餐廳、咖啡廳、酒吧、商場、撞球廳、健身房、卡拉OK、商務中心
MAP P.125

1990年開始營運的新僑飯店，樓高16層，是杭州西湖邊上最高的建

築，距湖大約只有350公尺，步行便可到達湖邊。飯店所在的解放路(相關介紹見P.179)，是杭州著名的購物區，解放百貨就在對面，所以觀光購物都很方便。

西湖金座大酒店

✉ 杭州市解放路131號
☎ (0571)8792-6666
FAX (0571)8792-7777
$ 豪華雙人房起價470元
i 房間總數：287
MAP P.125

西湖金座大酒店位於熱鬧的解放路上，距離西湖只有800公尺，徒步十分鐘就可以到達，離西湖天地與南山路酒吧街也很近。西湖金座

的房間是以商務酒店的方式來設計，房間內有寬頻網路接口、無線上網、迷你酒吧、冷暖氣空調等。缺點是房間的隔音較差，比較容易受到隔壁房間的聲音干擾。

如家快捷 西湖文化廣場店

www.homehostels.com.cn/post/108.html
杭州市中山北路603號
(400)6168-963
特惠房起價217元
房間總數：120
P.125

如家快捷酒店是大陸知名的經濟型酒店連鎖，目前在杭州共有17家分店，其中這家分店是距離西湖比較近的一家，但是徒步仍需許多時

間。這家酒店是2008年開業，房間內提供席夢思床具與免費寬頻上網，對於旅遊與洽公都很方便。不過經濟型酒店的共同缺點是隔間的材質較差，房間噪音較大，這家酒店也有相同問題。

漢庭酒店 中山路店

www.htinns.com
杭州市積善坊巷10-12號
(0571)8769-9888
(0571)8702-2333
雙床房起價220元
房間總數：113
P.125

漢庭是大陸一家經濟型酒店連鎖，這家漢庭中山路店位於南宋御街的巷子裡，位置很方便，不管到解放路商業區、南宋御街、河坊街或者是西湖，步行便可到達。酒店的主樓是民國初年杭州金融家蔣抑

卮的住宅改建而成，還曾作爲杭州市長辦公樓之用，因此較一些酒店多了一些歷史色彩。

杭州新宇國際青年旅館

杭州市慶春路21號
(0571)8724-4888
(0571)8723-8088
8人間床位50元、標準間起價260元
P.125

蘇州・杭州旅遊黃頁簿

Travel in Suzhou・Hangzhou

遊客在行程上所需要的所有資訊盡皆囊括其中，讓行程規劃得更爲完整，確保旅遊的平安與舒適。

前往與抵達
DEPARTURE & ARRIVAL

簽證

在大陸，中華民國護照不被承認，所以必須申請台胞證(台灣居民往來大陸通行證)。

台胞證加簽可以透過台灣旅行社辦理，或在上班時間於香港、澳門機場台胞證櫃檯辦理。台灣居民赴大陸如果需要居留3個月以上，需向當地公安局申請辦理暫住證，不辦理暫住證者，會被處以警告或100元以上，500元以下人民幣的罰款。

台胞證可透過台灣旅行社申請，有效期限爲5年，需蓋印簽注，每次有效期限3個月。

目前持效期6個月以上的台胞證，也可以在上海浦東、虹橋與杭州蕭山機場辦理加簽。申請人必須攜帶台灣身分證，填寫台灣居民口岸簽證申請表，繳交近期兩吋正面半身相片二張，與申請費用人民幣100元，即可辦理。在以上機場也可以辦理一次性台胞證，費用人民幣150元。

證件遺失辦理

蘇州台灣事務辦公室

(0512)6522-5313，6521-4332

杭州台灣事務辦公室

(0571)8705-5960，8705-3890

海關

- 自2007年開始，台灣人與香港人入境大陸時，攜帶台胞證與歸鄉證已不需填寫入境登記卡，但仍需填寫入境檢疫申明卡與攜帶物品申報單，出境時也需填寫出境登記卡。
- 入境與出境時最多可攜帶6,000元人民幣，非大陸人民入境最多可攜帶5,000元美金或等同現金，超過部分必須申報。入境旅客可以攜帶相機、手提收錄音機、攝錄影機與手提電腦各一台。
- 境外居民入出境時，可免稅攜帶400支香煙與兩瓶750公升的含酒精飲料及50公克以內的黃金飾品。
- 嚴禁入境物品包括毒品、槍械軍火、偽鈔與任何可影響大陸政治、經濟、道德與統治體制的印刷品、錄影帶、相片等。此外，還包括任何足以洩漏國家機密的印刷品、未經許可的古董文物、瀕臨絕種的動植物等。
- 搭乘飛機必須繳納機場稅，國際線是每次90元人民幣，國內線50元，其中國際線機場稅大都包含於票價中。

平安保險辦理

如果在台灣原本就有平安保險，出國只需要攜帶保單號碼及台灣的服務電話即可。若有任何問題，只要撥回服務中心，提供被保人身分證字號，服務人員都可協助辦理。

出國前也可在機場加保旅遊平安保險，機場內有各家保險公司之櫃台，可依照自己的旅遊天數及保險額度選購。辦理完成後，保險業務員會提供保險卡，旅遊時，隨身攜帶這張保險卡即可。或者也可直接到各大人壽網站進行線上保險。

保險流程為：點選旅行平安險線上投保專區>輸入身分證字號、帳號、密碼登入>閱讀保單條款>輸入投保資料>保費試算確認>線上刷卡付費>投保完成。

各大保險公司24小時免費服務專線電話：

- 安泰人壽 0800-011-686
- 國泰人壽 0800-036-599
- 新光人壽 0800-031-115
- 台灣人壽 0800-099-850

台灣駐外機構

目前大陸堅持一個中國政策，所以中華民國在成都與重慶沒有正式或非正式的駐外機構，但是在成都與重慶的台商有設立台商協會。

杭州台資企業協會

杭州市仁和路52號5樓

(0571)6522-5313，6521-4332

蘇州台資企業協會

蘇州新區獅山路16號305室

(0512)6809-4332

機場與交通
TRANSPORTATION

機場

蘇州

上海浦東／虹橋機場

(0512)6268-8918

上海虹橋/浦東機場客運航班諮詢電話：021-96990

蘇州附近有一座小型的碩放機場，但是經營的航線只有15條國內線。至於蘇州主要的空運銜接，則要靠上海的虹橋機場或浦東機場。虹橋機場距離蘇州市區60公里，目前有高速公路連接，自虹橋機場下機後，有巴士直達蘇州，票價53元。

自浦東機場搭乘巴士到蘇州則需票價84元，如果搭乘計程車的話需要跳表或議價。

上海浦東機場

杭州

蕭山國際機場

(0571)8666-1234，8515-4259

杭州原先的空運口岸是筧橋機場，2000年12月28日新建開放的蕭山機場開始營運之後，筧橋機場功成身退。

蕭山國際機場占地7,260畝，有一條3,600公尺的跑道，可以起降大型的波音747-400型飛機。第一期工程以2005年時，年呑吐量8百萬人次、貨運量8.6萬噸爲目標。

杭州蕭山機場

蕭山機場距離市區約27公里，機場有巴士連接市區的武林門，票價20元人民幣，發車時間是每天的08:00～17:30，開車時間約45～60分鐘左右。至於搭乘計程車，因爲要經過2個收費站，所以一般要價都要150元左右，但是通常在100～110元便可成行，如果覺得議價麻煩，也可以堅持跳表。

蕭山機場與大陸主要的大都市都有航線往來，包括北京、天津、廣州、深圳、西安、武漢、大連、青島、廈門、昆明、成都等，國際線主要是香港線。

蘇杭之間的交通

公共汽車

連接杭州與蘇州之間，最方便的交通方式，是搭乘長途直達巴士，票價約在70～80元人民幣之間，目前杭州與蘇州各有幾個巴士站可以連結，包括從蘇州南站到杭州北站，或蘇州汽車站到杭州東站等。

水運

杭州運河旅遊公司

(0571)8515-2065

喜歡嘗鮮的讀者可以嘗試運河水運，每天17:30，有運河輪船自蘇州與杭州對開，航行距離是150公里，全部航行時間約14個小時，船票價格依輪船等級與艙等而不同，但是輪船上機械聲甚大，搭乘上並不舒適。

杭州火車站

火車新站

(0571)8782-9418，8792-9424

除了空運之外，鐵路運輸也是進出杭州與蘇州的重要管道。杭州火車新站是於1999年12月28日開始營運，每天共有47班列車進出，連接大陸南北東西各大城市。火車新站是由地下層、地面層與高架層所組成，裡面還有一座旅館。

杭州火車站

蘇州火車站

蘇州火車站位於蘇州市北門附近，由於鄰近上海，每天共有101班列車進出。火車站的售票處位於入口的右手邊，可以買當日的車票，也可以預購3天後的車位。蘇州與上海之間每天有頻密的火車班次，其中速度最快的列車稱為「城際高速」，兩地運行時間只要半小時左右，城際高速列車一等座的票價是65元人民幣，二等座則是41元。

蘇州火車站

杭州的三輪車

蘇州的三輪車

市內交通工具

三輪車

旅遊杭州與蘇州的特殊經驗之一，就是可以坐到在台灣已經消失很久的人力三輪車。三輪車速度慢、沒有污染，又可以沿路和車夫閒話家常，其實是很値得體驗的一種交通工具；不過外來的遊客因爲外表與口音的關係，很容易被敲竹槓，因此懂得議價的技巧很重要。

此外，男性遊客在搭乘蘇州三輪車時，車夫往往會引誘他們到當地的色情場所，千萬不要接受，因爲很容易發生遊客被坑被搶、損失上萬元人民幣的案件。

公共汽車

杭州與蘇州的公共汽車四通八達，是廉價方便的交通工具。其中空調車的硬體設施新穎，已經不下於台灣的水準，特別是掛了「游」字號的觀光巴士(杭州則是車號開頭爲Y)。至於普通車的設施則頗爲老舊，多作爲鄉間農民進城的交通工具之用。

除了市內的公共汽車之外，蘇州還有專門跑郊區的重要景點的小巴士，包括江南水鄉的周庄、同里、角直、木瀆與太湖邊的旅遊小鎭東山、西山、光福等。這些旅遊專線車的發車地點，依據路線的不同，主要以汽車北站爲發車站。

公共汽車車資比較表

車 型	市內票價	備 註
冷氣空調車	2元	蘇杭二地票價相同
普通車	1元	蘇杭二地票價相同
蘇杭旅遊巴士	發車地點都在蘇州火車站前，依路線長短而定，在觀前街、吳縣汽車站、汽車北站也有停靠	

計程車車資比較表

車 型	起跳收費	計價方式	車 身
杭州計程車	11元	3～10公里每公里加收2.5元 10公里以上每公里3.75元	綠色車身
蘇州計程車	11元	3～5公里每公里加收2元 5公里以上每公里3元	全身漆水藍色，車頂的牌子上則有出租與車行名字

計程車

大陸人稱呼計程車爲「出租車」或「的士」，這是一般遊客遊覽蘇州和杭州時最常使用的交通工具。

杭州的計程車

蘇州的計程車

自行車

在杭州租用公共自行車遊西湖，是一件很愜意的事。爲了推廣市民與遊客騎自行車，目前杭州市政府在市區廣設租車點，總計全程有超過200個租車點，公共自行車數量超過6,000輛。爲了方便民眾租用，這裡的自行車採取通租通還的政策，也就是不管在哪一個服務點租用自行車，都可以在城裡任何一個服務點還車。舉例來說，如果在西湖的西岸租車，騎累了可以直接在西湖東岸還車，不用再跑到原租車點還車，非常方便。全杭州的租車點，可以在杭州自行車網查到，網址如下：www.hangzhou.com.cn/hzbike。

杭州自行車的租車手續很簡便，只要憑護照，先花200元人民幣辦一張公交IC卡(類似台北市的捷運悠遊卡)，租車時交給服務人員，用掃描機扣取保證金與輸入車號，就可以開始租車使用，在有人員服務的租車點，可以當場辦理公交IC卡。還車時把自行車與公交IC卡交給服務人員核對後，服務人員會把公交IC卡退還，租車費用自卡內自動扣除。如果不再需要使用自行車，也可以現場退卡。杭州另外有一些無人服務的租車點，租退手續差不多，只是必須自助操作。

杭州公共自行車的租用費用很低廉，1小時之內免費(如果前段使用公交IC卡搭公車，則是90分鐘以內免費)，1小時以上2小時以內收費人民幣1元，3小時以內收費2元，3小時以上則每小時收3元。因此如果要省錢最好3個小時以內先還車，如果租車放過夜，費用就會暴增。

蘇州地鐵

地鐵1號線是東西向橫線，2012年4月開始營運，全線採地下行進方式，西起木瀆，東到鐘南街，全線26公里，沿途總共設有24個車站：木瀆–金楓路–汾湖路–玉山路–蘇州樂園–塔園路–濱河路–西環路–桐涇北路–廣濟南路–養育巷–樂橋–臨頓路–相門–東環路–中央公園–星海廣場–東方之門–文化博覽中心–時代廣場–星湖街–南施街–星塘街–鐘南街。

地鐵2號線是採南北走向的縱線，預計2014年元月開始營運，全線採地下與高架行進方式，北起太東路，南到迎春南路，全線29公里，沿途總共設有23個車站，兩線地鐵可以在廣濟南路站轉車：太東路–高鐵蘇州北站–相城大道–富陽路–安元路–春申湖中路–陽澄湖中路–齊門北大街–金民東路–天筑路–蘇州火車站–三醫院–石路–廣濟南路–三香廣場–勞動路–胥江路–桐涇公園–長吳路–寶帶西路–旺吳路–石湖路–迎春南路。

蘇州地鐵圖

地圖繪製／許志忠

1號線
2號線
鐵路

杭州地鐵

杭州地鐵計畫興建10條路線，其中第一期工程包括地鐵1號、2號線與4號線部分。杭州地鐵1號線已經在2012年11月正式營運，杭州地鐵2號線東南段將於2013年底前建成通車。

地鐵1號線沿線站名：湘湖站、濱康路站、西興站、濱和路站、江陵路站、近江站、婺江路站、城站站、定安路站、龍翔橋站、鳳起路站、武林廣場站、西湖文化廣場站、打鐵關站、閘弄口 站、火車東站站、彭埠站、七堡站、九和路站、九堡站、客運中心站、喬司南站、喬司站、翁梅站、餘杭高鐵站、南苑站、臨平站、下沙西站、金沙湖站、高沙路站、文澤路站、文海南路站、云水站、下沙江濱站。

地鐵2號線2013年預定通車沿線站名：朝陽村站、南部臥城站、潘水路站、人民路站、杭發廠站、人民廣場站、建設一路站、建設三路站、振寧路站、外環路站、內環路站、錢江世紀城站、錢江路站。

杭州地鐵圖

地圖繪製／許志忠

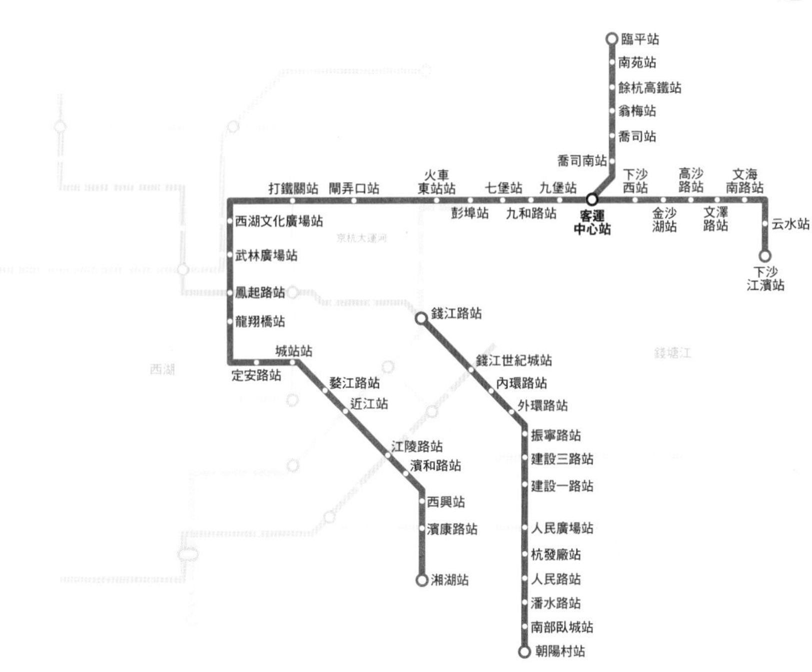

消費購物 SHOPPING

貨幣

使用幣別爲人民幣，可在機場、飯店與外匯銀行兌換。若干地方有黑市，可以兌換外幣現鈔，但是信用沒有保障，拿到假鈔的機率大。

在合法的機構兌換，美元旅行支票的匯率要比現鈔好，目前1美元約可兌換6.2元人民幣，新台幣在有些地方可以直接兌換。目前人民幣兌換美元是在升值狀態，每日行情請參考銀行公告。

依照大陸法律，私自兌換人民幣是違法行爲，如遭查獲會被沒收非法所得，或處以違法外匯等值以下的罰款，或者罰款、沒收並處。

人民幣通貨包括紙幣，面額有100元、50元、20元、10元、5元、2元、1元、5角、2角與1角，目前1元以下紙幣較不常用；硬幣面額包括1元、5角、1角，以往硬幣中有「分」的單位，目前已很罕見。

小費

杭州與蘇州的餐廳、計程車、飯店一般不用給小費，有些地方服務費直接加在帳單之中不用另外給付，不過如果顧客慷慨給小費，一般人也不會拒絕。

信用卡

信用卡在杭州與蘇州除了一些專門接待外國遊客的旅館與大型百貨公司之外，使用並不普遍，目前交易仍然以現金爲主。

不過由於現代化的商場近幾年越開越多，所以接受信用卡的商家也在增加之中。

日常生活資訊 Living Information

時差

格林威治時間加8小時，與台灣沒有時差。

語言

普通話(相當於台灣的國語)。

電器使用

電壓220伏特，50周波。台灣的電壓是110伏特，所以台灣帶來的電器必須進行變壓才能使用。

氣候

蘇州與杭州是屬於亞熱帶季風型氣候，四季分明，氣候溫暖潮濕，全年平均溫度約攝氏15度，年平均降雨量在1,400～1,500公釐之間。

由於位居長江以南，加上距離海面不遠，所以氣溫得到海洋的調節，冬季並不寒冷，最低氣溫只到零下5度；倒是夏季高溫時，氣溫可達35度以上。

基本上春夏秋冬四季，都是旅遊杭州與蘇州的季節，只是四季景色不同。春天時百花齊放，鮮豔的桃花與翠綠的柳樹互相呼應，到處都顯現「桃紅柳綠」的江南新春風貌。夏季雖然高溫，但是蓮花盛開，池塘上一片荷葉田田的景象。秋天天高氣爽，桂花飄香，在杭州又是賞錢塘潮的時節。冬天則是梅花齊放，在郊區時常可以看到一片梅海的景象。

電話使用

杭州與蘇州的公共電話分爲投幣式與插卡式兩種，市內通話費率是5分鐘1元，長途電話每分鐘8角～1元，公共電話的市內通話費是每分鐘1元5角。電話卡面額分30、50元與100元等多種，可以在旅館、機場、郵電局、通訊行或某些雜貨店買到。

台灣打到大陸

蘇州：002+86+512+電話號碼
杭州：002+86+571+電話號碼

大陸打回台灣

00+886+區域碼(去0)+電話號碼

常用電話號碼

市內電話查號台：114
匪警：110
火警與緊急求助：119
交通事故：122
急救電話：120
報時台：117
國際長途電話掛號台：115

公廁

蘇州與杭州近年在公共廁所方面做了不少投資，現在一般街道上或旅遊景點內的公廁，大都比以往進步與乾淨，而且不用收費。但是在人潮聚集的地方，仍有收費的公廁，每次使用費用1元。

杭州平均氣溫、降雨量與降雨天數 (氣溫為℃，雨量為mm)

	一月	二月	三月	四月	五月	六月	七月	八月	九月	十月	十一月	十二月
氣溫	3.8	5.1	9.3	15.4	20.5	24.3	24.3	28.0	23.3	17.7	12.1	6.3
降雨量	62.2	88.7	114.1	130.4	179.9	196.2	126.5	136.5	177.6	77.9	54.7	54.0
降雨天數	10.9	13.0	15.4	15.5	16.8	14.9	12.3	12.5	13.3	9.7	9.5	9.9

大陸假日

中國大陸的休假日與台灣不同，其中春節、勞動節與國慶日都連放3天假，再加上實施週休2日，所以這三段時間常會串成一個禮拜的長假，是大陸國內旅遊的旺季，許多旅館、飛機、火車都會客滿或調高價格。

因此除非必要，盡量不要在這三段時間旅遊，以免遇上人潮。大陸休假日如下：

1月1日	新年
農曆1月1日	春節(休假3天)
農曆1月15日	元宵節
3月8日	婦女節
5月1日	勞動節
5月4日	青年節
6月1日	兒童節
農曆5月5日	端午節
8月1日	建軍節
農曆8月15日	中秋節
10月1日	國慶日(休假3天)
農曆9月9日	重陽節

常用俗語對照表

打的 → 搭計程車
蹦的 → 跳迪斯可
練歌房 → 台灣的KTV
砍大山 → 聊天
砍價 → 殺價
宰人 → 坑人
叫床 → 旅館的Morning Call
愛人 → 配偶
師傅 → 計程車司機的敬稱
領導 → 部門主管
人民 → 民眾
索尼 → 日本的新力牌電器
甩賣 → 大拍賣
高檔 → 高價位
土豆 → 馬鈴薯
幼兒園 → 幼稚園
打白條 → 用白紙寫成發票的憑據
吃乾飯 → 人在其位而不做事
擺臺子 → 擺場面、擺闊
擺大款 → 擺場面、充面子
沒事兒 → 不客氣、沒關係
信息工業 → 資訊工業
摸著石頭過河 → 走一步算一步

簡體字與繁體字對照表

无 → 無	关 → 關	术 → 術
书 → 書	园 → 園	办 → 辦
马 → 馬	达 → 達	节 → 節
农 → 農	电 → 電	飞 → 飛
过 → 過	开 → 開	妇 → 婦
头 → 頭	广 → 廣	汉 → 漢
乐 → 樂	厂 → 廠	丰 → 豐
业 → 業	币 → 幣	义 → 義
叹 → 嘆	个 → 個	几 → 幾
发 → 髮	宾 → 賓	儿 → 兒
乡 → 鄉	华 → 華	云 → 雲
进 → 進	面 → 麵	叶 → 葉
盐 → 鹽	车 → 車	

個人旅行書系

有行動力的旅行，從太雅出版社開始

太雅，個人旅行，台灣第一套成功的旅遊叢書，媲美歐美日，有使用期限，全面換新封面的Guide Book。依照分區導覽，深入介紹各城市旅遊版圖、風土民情，盡情享受脫隊的深度旅遊。

「你可以不需要閱讀遊記來興起旅遊的心情，但不能沒有旅遊指南就出門旅行……」台灣的旅行者的閱讀需求，早已經從充滿感染力的遊記，轉化為充滿行動力的指南。太雅的旅遊書不但幫助讀者享受自己規畫行程的樂趣，同時也能創造出獨一無二的旅遊回憶。

105
京都・大阪・神戶・奈良
作者／三小a

104
首爾・濟州
作者／車建恩

103
美國東岸重要城市
作者／柯筱蓉

102
小三通：金門・廈門
作者／陳玉治

101
雪梨・墨爾本
作者／王瑤琴
修訂／張勝惠、陳小另

100
吉隆坡
作者／瑪杜莎

099
莫斯科・金環・聖彼得堡
作者／王姿懿

098
舊金山
作者／陳婉娜

097
德州：休士頓・達拉斯・聖安東尼奧
作者／馮國正

096
西班牙：巴塞隆納・馬德里・賽維亞
作者／邱宗翎

095
羅馬・佛羅倫斯・威尼斯・米蘭
作者／潘錫鳳、陳喬文、黃雅詩

094
成都・重慶
作者／陳玉治

093
西雅圖
作者／施佳瑩、廖彥博

092
波士頓
作者／謝伯讓、高薏涵

091
巴黎
作者／姚筱涵

090
瑞士
作者／蘇瑞銘

088
紐約
作者／許志忠

087
夏威夷
作者／陳玉治

084
越南：胡志明市・河內
作者／吳靜雯

082
德國：柏林・漢堡・漢諾威
作者／魏國安

065
九寨溝
作者／陳守忠

047
西安
作者／陳玉治

042
大連・哈爾濱
作者／陳婉娜

038
蘇州・杭州
作者／陳玉治

005
洛杉磯
作者／王之義

So Easy! 年度銷售排行榜冠軍旅遊書系

So Easy 自助旅行書系

亞洲地區

081 **開始在澳門自助旅行**
作者／楊登傑(藥師吉米)

079 **開始在越南自助旅行**
作者／吳靜雯

076 **開始在中國大陸自助旅行**
作者／徐德誠

075 **開始在北京自助旅行**
作者／沈正柔

067 **開始在上海自助旅行**
作者／魏國安

066 **開始在泰國自助旅行**
作者／魏鑫陽

060 **開始在香港自助旅行**
作者／古弘基

035 **開始在新加坡自助旅行**
作者／王之義

033 **開始在印度自助旅行**
作者／王瑤琴

023 **開始在韓國自助旅行**
作者／陳芷萍・鄭明在

010 **開始在日本自助旅行**
作者／魏國安

紐澳地區

073 **開始在澳洲自助旅行**
作者／張念萱

032 **開始在紐西蘭自助旅行**
作者／藍麗娟

歐美地區

084 **開始在希臘自助旅行**
作者／林少凡

082 **開始在歐洲自助旅行**
作者／蘇瑞銘・鄭明佳

072 **開始在瑞士自助旅行**
作者／蘇瑞銘

049 **開始在夏威夷自助旅行**
作者／莊馨云・曹馥蘭

036 **開始在捷克自助旅行**
作者／謝明蓉

034 **開始在荷蘭自助旅行**
作者／陳奕伸

029 **開始在西班牙自助旅行**
作者／李容棻

027 **開始在義大利自助旅行**
作者／吳靜雯

026 **開始在美國自助旅行**
作者／陳婉娜

025 **開始在德國自助旅行**
作者／林呈謙

024 **開始在英國自助旅行**
作者／李芸德

019 **開始在法國自助旅行**
作者／陳翠霏

So Easy 專家速成書系

亞洲地區

080 **遊韓國行程規劃指南**
作者／Helena

歐美地區

078 **指指點點玩美國**
作者／謝伯讓・高薏涵

077 **指指點點玩義大利**
作者／吳靜雯

071 **窮，才要去紐約學藝術**
作者／洪緹婕

065 **荷蘭最美**
作者／楊若蘭

064 **開始看懂羅浮宮+凡爾賽宮**
作者／王瑤琴

063 **開始讓高第帶你遊西班牙**
作者／王瑤琴

054 **開始到洛杉磯玩遊樂園**
作者／陳婉娜

053 **開始到梵蒂岡朝聖So Easy**
作者／潘錫鳳

052 **開始到義大利買名牌**
作者／吳靜雯

047 **開始到義大利看藝術**
作者／吳靜雯

046 **開始到維也納看莫札特**
作者／王瑤琴

040 **開始上網省錢遊歐洲**
作者／林呈謙

039 **開始到紐約看百老匯**
作者／張懿文

031 **開始遊法國喝葡萄酒**
作者／陳麗伶

深度旅行

080 Check in東京 
作者／林氏璧

078 我的青島私旅行
作者／吳靜雯

077 Traveller's東京聖經 熱賣
作者／許志忠

076 泰北清邁・曼谷享受全攻略
作者／吳靜雯

075 聖地之旅：以色列・約旦・黎巴嫩・敘利亞
作者／邱世崇

074 飛到香港吃吃吃 
作者／古弘基

073 島力全開！泰High全攻略 熱賣
作者／小王子(邱明憲)

072 曼谷後花園：華欣泰享受
作者／余能炘

067 眞愛義大利 
作者／吳靜雯

066 野性肯亞的華麗冒險
作者／黃嘉文・吳盈光

064 上海最潮逛街地圖
作者／藍工作間
(國際攝影大師張耀領軍)

057 Traveller's曼谷泰享受 熱賣
作者／吳靜雯

054 日本旅行再發現
作者／蔡惠美

052 東京年輕人帶路，一週間鮮體驗
作者／孫偉家

051 到尼泊爾反璞歸眞
作者／曾品蓁

048 上海，眞奇怪ㄋㄟ
作者／上海湯

047 肉腳女生搞笑流浪記
作者／曾品蓁・江莉姍

045 七年級的東京玩樂全攻略
作者／孫偉家

042 我在麗江有個門牌號碼
作者／甯育華

搭地鐵系列

082 搭地鐵玩遍釜山
作者／Helena

079 搭地鐵玩遍首爾
作者／索尼客

071 地鐵玩遍巴黎
作者／姚筱涵

070 搭地鐵玩遍倫敦
作者／李思瑩・英倫懶骨頭

069 搭地鐵玩遍新加坡
作者／但敏

061 搭地鐵玩遍北京
作者／黃靜宜

060 搭地鐵玩遍曼谷
作者／王之義

059 搭地鐵玩遍東京
作者／孫偉家

053 搭地鐵玩遍上海
作者／葉志輝

學外國人過生活系列

058 學新加坡人過生活
作者／但敏

056 學法國人過生活
作者／陳麗伶

044 學荷蘭人過生活
作者／陳奕伸

043 學英國人過生活
作者／胡蕙寧

040 學德國人過生活
作者／胡蕙寧

037 學美國人過生活
作者／張懿文

035 學義大利人過生活
作者／吳靜雯・蔡逸辰

032 學北歐人過生活
作者／李清玉

世界主題 081 熱賣
澳洲打工度假一起Cooking!!
作者／Soda・Terry

世界主題 065 熱賣
澳洲打工度假聖經
作者／陳銘凱

旅行教室 04 熱賣
紐澳打工度假停看聽
作者／楊環靜

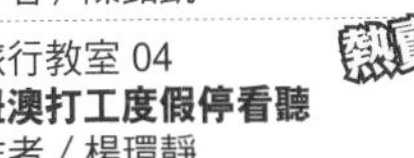

So Easy 084 熱賣
開始到加拿大打工度假
作者／陳玉琳

So Easy 038 熱賣
開始到紐西蘭打工度假
作者／蔡弦峰

個人旅行 *38*

蘇州・杭州 附周庄・同里・甪直・木櫝

作　　者　陳玉治
攝　　影　陳玉治

總 編 輯　張芳玲
書系主編　張焙宜
修訂編輯　邱律婷
美術設計　許志忠
地圖繪製　許志忠

太雅出版社
TEL：(02)2836-0755　FAX：(02)2831-8057
E-MAIL：taiya@morningstar.com.tw
郵政信箱：台北市郵政53-1291號信箱
太雅網址：http://taiya.morningstar.com.tw
購書網址：http://www.morningstar.com.tw

發 行 所　太雅出版有限公司
台北市11148忠誠路一段30號7樓
行政院新聞局局版台業字第五〇〇四號

承　　製　知己圖書股份有限公司
台中市40768工業區30路1號
TEL：(04)2358-1803

總 經 銷　知己圖書股份有限公司
台北公司　台北市10646羅斯福路二段95號4樓之3
TEL：(02)2367-2044　FAX：(02)2363-5741
台中公司　台中市40768工業區30路1號
TEL：(04)2359-5819　FAX：(04)2359-5493
郵政劃撥　15060393
戶　　名　知己圖書股份有限公司

廣告刊登　太雅廣告部
TEL：(02)2836-0755　E-mail：taiya@morningstar.com.tw

四　　版　西元2012年06月01日
四版二刷　西元2013年01月20日
定　　價　350元
(本書如有破損或缺頁，請寄回本公司發行部更換，或撥讀者服務專線04-2359-5819

ISBN　978-986-6107-61-0
Published by TAIYA Publishing Co.,Ltd.
Printed in Taiwan

國家圖書館出版品預行編目資料

蘇州.杭州：附周庄.同里.甪直.木瀆/ 陳玉治 作.
-- 四版. --臺北市：太雅, 2012. 06
面； 公分. -- (個人旅行；38)
ISBN 978-986-6107-61-0(平裝)
1. 旅遊　2. 江蘇省蘇州市　3. 浙江省杭州市

672.19/299.6　　101007606